永遠

君と僕との間に

ZARD

contents

NO PARKING

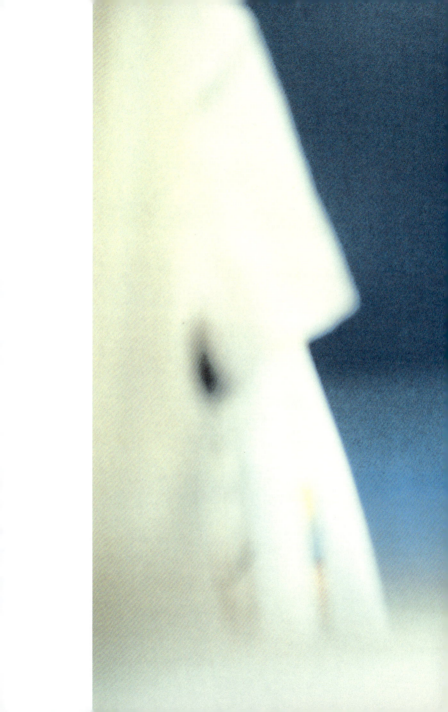

RED LIGHT
INDICATES
DOORS ARE
LOCKED

PHARMACIE

ENTRATALIBERA
DOVER
CartaSi
VISA
REMAINDERS
CENTER

PED XING
CHECKERS

PED XING

TIMES SQUARE SUNDAY
ONE WAY
PUBLIC THEATER/NEW YORK SHAKESPEARE FESTIV
BRING IN DA
AMBASSADOR THEATRE 219 W.
sbarro
sbar

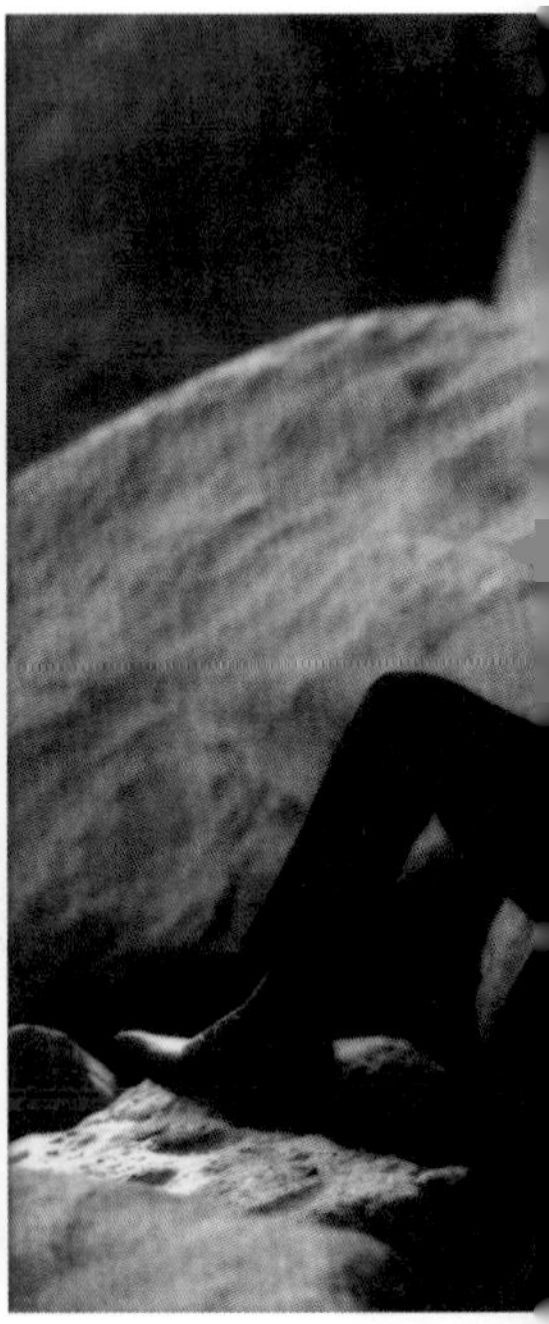

Caution!
LA VIE

「君と僕との間に　永遠は見えるのかな」

泉水

「永遠」より

プロローグ

２０１９年5月27日。東京・六本木から麻布へ下る鳥居坂には、多くの人が列をなしていた。

淡い色の花束を胸に抱えた女性、ＣＤの束を持つ男性……。ＣＤジャケットの写真では、在りし日の坂井《さかい》泉水《いずみ》が伏し目がちに微笑んでいる。

ＺＡＲＤのボーカリスト、坂井泉水がこの世を去ってから12回目の命日。献花台へ向かう坂道で、ファンたちは今も彼女を想い、今も彼女の歌を口ずさむ。

２０１９年2月1日放送のテレビ朝日系の音楽番組『ミュージックステーション ３時間スペシャル』では、ＺＡＲＤの１９９３年のヒット曲「負けないで」を生前同じグループレーベルの先輩と後輩として交流のあった倉木麻衣が、映像の坂井とコラボレート。関連ワードがいくつもトレンドワード上位に上がるなど、ＳＮＳでも話題をさらった。

4月20日には、ＮＨＫ ＢＳプレミアムが『ＺＡＲＤよ永遠なれ 坂井泉水の歌はこう生まれた』を異例の2時間特番で放送。初めて公開されるレコーディングのアウトテイクや海外での撮影シーンもあり、ＴｗｉｔｔｅｒをはじめとするＳＮＳでは数えきれないほどのコメントが上がった。

「ＺＡＲＤファンでよかった。これからもたくさん聴こう」

「坂井泉水さんの歌詞はこうして生まれたんだね。とってもきれいな人だったし歌詞も好きだし声も好きだったなあ。今でもＣＤ持ってます」

「時代を駆け足で走り抜いた女性トップアーティストだ！」

スクロールしてもスクロールしても、永遠に続くと思うほどたくさんのコメントがつづられた。

1990年代、ZARDの人気は圧倒的だった。

1993年には「負けないで」が165万枚、「揺れる想い」が140万枚、1996年には「マイ フレンド」が100万枚。3曲がミリオンセラーになった。

アルバムはさらに多くの人に聴かれている。なんと9枚連続でミリオンセラーに。そのうち4枚はダブルミリオンを超えている。

1992年『HOLD ME』106・5万枚
1993年『揺れる想い』223・9万枚
1994年『OH MY LOVE』200・2万枚
1995年『forever you』177・4万枚
1996年『TODAY IS ANOTHER DAY』165・5万枚
1997年『ZARD BLEND ～SUN & STONE～』200・5万枚
1999年『永遠』114・9万枚
『ZARD BEST The Single Collection ～軌跡～』303・4万枚
『ZARD BEST ～Request Memorial～』149・6万枚

このように、ZARDこと坂井泉水は日本でもっともセールスを上げた女性アーティストの一人だった。

総売上枚数は3763・3万枚（シングル17

73・3万枚、アルバム1990・0万枚）。平成30年間でのアーティストトータルセールスは8位。

1990年代に限れば、安室奈美恵よりも、松任谷由実よりも、DREAMS COME TRUEよりも多くのCDが売れていた。

2016年、ZARDデビュー25周年YEARを記念してリリースされた映像やベストアルバムも多くのファンを喜ばせた。

プロモーション・ビデオにレコーディングや海外ロケでの素顔を撮影した映像をパッケージした5枚組DVD『ZARD MUSIC VIDEO COLLECTION ～25th ANNIVERSARY～』と、25周年記念ライヴを収めた『ZARD 25th Anniversary LIVE 〝What a beautiful memory〟』はともにオリコンの音楽DVDチャートで1位に、最新デジタルマスタリング&高品質CDによる52曲を収めた4枚組オールタイムベストアルバム『ZARD Forever Best ～25th Anniversary～』はオリコンのアルバムチャートで4位になり、今も売れ続けている。

坂井が逝去して12年を経てなお、ZARDは多くのファンの心を震わせている。

1991年の「Good-bye My Loneliness」でのデビューから2007年までの音楽シーンを駆け抜けた坂井が、音楽関係者の前で初めて歌を披露したのは1990年8月。六本木にあったSTUDIO BIRDMANのGRAY ROOMだった。

第一章

デビュー

1990年8月。この日、STUDIO BIRDMANのGRAY ROOMではB.B.クイーンズのコーラスメンバーの選考が行われていた。

近藤房之助と坪倉唯子の、男女のツインボーカルをフロントに置いたB.B.クイーンズは、4月にリリースしたフジテレビ系人気アニメ『ちびまる子ちゃん』のテーマ曲「おどるポンポコリン」を大ヒットさせていた。

「『ちびまる子ちゃん』が世代を超えて多くの人に受けていたこともあり、B.B.クィーンズにはテレビの音楽番組からの出演依頼がたくさん来ていました。でも僕は最初、積極的な気持ちになれなかった。近藤はすでにベテランといえるキャリアと年齢、坪倉も中堅の域に達していたからです。視覚的にも喜ばれるバンドにしなくてはいけないと思っていました」

そうふり返るのは、B.B.クィーンズのプロデューサーで、ZARDもプロデュースすることになる長戸大幸《だいこう》（以下・長戸）だ。

長戸は日本の音楽シーンの重鎮。1970年代に作曲家として、石原裕次郎、橋幸夫、和田アキ子らの楽曲を手掛けた。プロデューサーとしては1980年以降、LOUDNESS、暴威（後のBOØWY）、TUBE、B'z、大黒摩季、WANDS、T-BOLAN、DEEN、倉木麻衣、GARNET CROWなどをデビューさせている。プロデューサーとしての長戸のキャリアは、そのまま日本のロックシーンの歩みといっていい。

「僕がB.B.クィーンズにイメージしたのは、女の子のいる家庭に飾られる雛《ひな》人形のようなバンドです。メインボーカルの近藤と坪倉はお内裏《だいり》様とお雛様。ほかのバンドメンバーは五人《ごにん》囃子《ばやし》。そこに三人官女役としてコーラスを加えれば様になるんじゃないかと。そこで20代のシンガーを3人揃えてコーラス隊をつくることにしました」(長戸)

そのB.B.クィーンズのコーラスのオーディション会場にやってきたのが坂井泉水だった。

「どんな音楽をやりたいですか?」

長戸が訊ねると、坂井は「ロックです」と即答した。

さらに、より具体的なイメージも語った。

それは、浜田麻里やアン・ルイスのような、メロディがはっきりしていて、カラオケでも歌えるようなロック。昭和歌謡にも思い入れは強く、テレサ・テンの「別れの予感」や高橋真梨子の「for you…」をカラオケで歌っていることも話した。

長戸をはじめとする選考スタッフの前では、アン・ルイスの「六本木心中」と「WOMAN」、高橋真梨子の「for you…」を歌っている。

歌うことが私の夢——と坂井が言ったことを長戸ははっきりと覚えている。

「坂井を僕はとても気に入りました。ただ、クリアしなくてはいけないことがあった。坂井はすでにメンバーに決まっていた宇徳敬子《うとくけいこ》とキャラクターが重なっていたんです。同じキャラのコーラスを並べると、おたがいの個性を打ち消し合ってしまいます。また、坂井は当時レースクイーンやカラオケクイーンの仕事もしていて、その契約がオーディションの時点でまだ数か月残っていた。そんな事情もあって、坂井の起用をあきらめました」（長戸）

B.B.クィーンズのコーラスは、宇徳をはじめ後にMi-Keとして活動する3人に決まった。

「坂井は歌が上手《うま》かったけれど、ルックスもいいのでグラビア系の仕事の依頼が入る。仕事ですから、それは受けますよね。そういう状況があって、彼女をすぐに起用するには、いくつも手続きを踏まなくてはいけなかったんですよ」（長戸）

しかし、幸運の女神は坂井を見捨てなかった。フジテレビのプロデューサーで後に社長になる亀山千広《ちひろ》が長戸に別の企画の相談を持ち掛けた。それは、ドラマ『結婚の理想と現実』のテーマ曲を歌う、アン・ルイスのようなシンガーを探しているという内容だった。

「亀山さんに相談されたときに、僕はB.B.クィーンズのオーディションで出会った坂井を思い出したんですよ。歌うことが私の夢です、と言っていた坂井をね。すぐに連絡をとったら、彼女は演歌のデュエット曲のレコーディング中でした。それをやめさせて、新しくZARDというプロジェクトをつくって歌わせることに決めました」（長戸）

その時点でも、坂井はまだ本名の蒲池《かまち》幸子《さちこ》名義でレースクイーンやカラオケクイーンの仕事を続けていた。それぞれの契約が切れるまで数か月を要し、少しの期間は音楽と両立させなければならなかった。

実際に、2枚目のシングル曲「不思議ね…」のレコーディングまでは、複数の仕事を並行して行っている。朝までスタジオでレコーディングをして、そのまま睡眠をとらずにキャリーバッグを転がして地方のレース場へ出かけるようなこともあった。

体調を心配するレコーディングスタッフに見送られて、笑顔で出かけて行った。

音楽制作に専念するようになっても、スタジオでの坂井は「精をつけなくちゃ！」と言って、よく食べた。激務の中、自分の健康状態に気をつけていたのだ。だからコーヒーを何杯も飲んだり、たばこを手放せなかったりするスタッフに坂井は厳しかった。

――ＯＫが出るまでひたすら歌い続けた１週間――

ＺＡＲＤのデビュー曲は「Good-bye My Loneliness」。イギリスのロックバンド、ポリスのバラードの名曲「見つめていたい」のギターのイントロをモチーフにしたこの曲のレコーディングも、ＳＴＵＤＩＯ ＢＩＲＤＭＡＮで行われた。

そのファーストレコーディングでは、すでに長戸によって〝チームＺＡＲＤ〟といえるスタッフが集められている。レコーディングスタッフも、アートワークのスタッフも、坂井が気を遣わないように、ベテランではなく若手スタッフが選ばれた。

このときのメンバーのほとんどが、ＺＡＲＤの全キャリアにかかわっている。

「レコーディングの数日前、長戸さんの部屋に呼ばれて、坂井さんを紹介されました。プロジエクト名の〝ZARD〟もアーティスト名の〝坂井泉水〟もまだ決まっていないときです。あの日に坂井さんとかわした会話の内容は記憶していませんが、たぶん挨拶をしたくらいだったはずです。彼女はあまりしゃべらず、背筋がぴんと伸び、凛とした雰囲気だったことは覚えています。剣道とか合気道とか、何か武道の訓練を受けた経験があるのかと思いました」

坂井の第一印象をそうふり返るのはレコーディング・ディレクターの寺尾広（以下・寺尾）だ。

「アーティスト名はまだ決まっていないから、名前で呼ばないでくれ」

長戸は寺尾に言った。本名で呼ぶのもダメだという。その理由も言われた。

「名前には言霊《ことだま》が宿っているんだよ。だから、アーティスト名が決まる前にほかの名で呼ぶと、そちらの名に言霊が宿ってしまうから」

では、一緒に仕事をするときになんと呼べばいいのだろう――。困る寺尾。

「アーティスト名が決まるまでは、君とか、あなたとか言っていればいいだろ」

そう言って、長戸は部屋を出ていった。

やがてプロジェクト名はZARDに、アーティスト名は坂井泉水に決まる。

「スタジオで坂井さんの第一声を聴いたときのことは、はっきり記憶しています。おとなしそうな雰囲気からはイメージできないほど声量があった。レコーディングの音を制御する機材のメーターが目いっぱい振り切れました」（寺尾）

寺尾は坂井に徹底的にボーカル指導を行い、「Good-bye My Loneliness」の歌詞にある〝そばにいて欲しいの〟のフレーズを連日歌わせた。

来る日も来る日も同じフレーズを録り直し。ＯＫテイクが出るまでに1週間かかった。

「頭蓋骨を響かせるような声が、ポン！　と出るまでやろう」

寺尾は坂井に話したという。

「最初のレコーディングのとき、坂井さんはまだ高音域が不安定でした。安定させられるようになるまで歌っていました」（寺尾）

ただ、その記憶を寺尾はすっかりなくしてしまい、10年以上も経ってから坂井に言われて思い出したという。

ファーストレコーディングのときの苦しさを坂井が寺尾に打ち明けたのは、２００５年だった。

「実は私、ずっと寺尾さんとのレコーディングがトラウマだったんですよ」

言われた側の寺尾には思い当たる節がない。必死に記憶を手繰《たぐ》り寄せた。

「私のデビューのときのこと、覚えていませんか？」

それでも思い出せない。

「そばにいて欲しいの、を1週間歌い続けました」

ああー！　ようやく記憶が鮮明によみがえった。

「あのとき以来、私、寺尾さんの顔を見る度に、またたくさん歌わされるんじゃないかと、おびえていました」

寺尾はただただ謝るが、坂井のほうは怒っている様子はなく、笑みを絶やさない。

「いえ、今はとても感謝しています。あの1週間があったからこそ、今もこうして歌っていることができるんだと感じています」

実際にこの1週間は価値のある時間だった。寺尾の言う「頭蓋骨を響かせるような声が、ポン！」は、その後の坂井の歌唱の持ち味になったのだ。

「坂井さんはキャリアを通して、Eまで、つまり高音域のミまでしっかり発声していました。喉の筋肉がどんどん鍛えられて、デビューして2年くらいでしょうか、とても安定して高音を出せるようになったんです」（寺尾）

初めて撮影したときの写真は世に出なかった

「坂井さんに初めて会ったときのことは忘れられません。髪をポニーテールに結っていて、大げさではなく本当に美しい人でした」

STUDIO BIRDMANで長戸プロデューサーに坂井を紹介されたときのことをふり返るのは、アートディレクターの鈴木謙一（以下・鈴木）である。

「カメラのレンズを通しての坂井さんははかなげなイメージです。ファンの多くのかたには、あの憂いのある坂井さんのイメージが定着していると思います。でも、実際の坂井さんは顔立ちがはっきりした美形でした」

坂井と鈴木は同じ年齢。CDジャケットの写真やプロモーション用の写真やポスターなど、鈴木は坂井の全キャリアのアートワークに携わった。

「ZARDというバンドでリリースするから、ブロンディのようなイメージで、至急撮影をしてくれ」

「Good-bye My Loneliness」レコーディング前の、ZARDのイメージ写真の撮影のときに、鈴木は長戸に命じられた。

ブロンディとは、1974年にニューヨークで結成された、当時のニューウェーブ系のガールズバンド。「ハート・オブ・グラス」や「CALL ME」が大ヒットした。

「さっそくブロンディのメンバーのルックスを調べると、かなりハードでした。キャミソール、ガーターベルト、黒のストッキング、ヒール、サングラスというファッションです。それらを揃えて撮影を行いました。坂井さん自身は髪をアップし、メイクは濃く、決め込んだ撮影になりました」（鈴木）

しかし、そのときの写真は即ボツになった。

「撮影したフイルムはすぐにプロデューサーに没収され、お蔵入りです。坂井さんの雰囲気とも、アーティストとしての方向性とも違うという説明でした」（鈴木）

しかし、この失敗によって、ZARDのビジュアルの方向性は明確になった。

「Good-bye My Loneliness」のCDジャケットやプロモーション用の写真は、レコーディングスタジオでスナップのように撮影された。

「ありのままの姿を撮影してくれ」

長戸に指示された鈴木は、最初はとまどった。

「レコーディング中だったので、歌詞や譜面や飲みかけの缶コーヒーがスタジオのテーブルの上に乱雑に置かれていました」（鈴木）

片づけようとすると、長戸に止められた。

「そのままでいい！」

鈴木はスタッフのたばこの吸い殻の残った灰皿だけをテーブルからどかした。

「坂井さんは自前の服にノーメイク。その場にはプロのカメラマンもいません。なので、写真が趣味でカメラ好きの社員がシャッターを切りました」（鈴木）

そのレコーディング中のリアルな写真が「Good-bye My Loneliness」のCDジャケットになった。この撮影によって、アートディレクターとしての鈴木のアートワークへの認識は大きく変わった。

「CDジャケットの写真やプロモーション用のアーティスト写真は、撮影スタジオで、専門のスタッフの手できっちりメイクをして、スタイリストが服を選んで撮影すると思い込んでいました。でも、アーティストは女優ではありません。アーティストにはリアリティが大切だと長戸さんに教えられました」（鈴木）
それは、30年近く経っても鈴木の考え方の基本になっている。
「ただし、それができたのは坂井さんだからこそでもありました。坂井さんはありのままの姿で十分に美しかった。ノーメイクでも顔立ちがくっきりとしていました。定番のデザインのジャケットや無地の白Tシャツでも十分に画《え》になります。美しい女性にさらに手を加えると、過剰になってしまうので、それを避けたのでしょう」（鈴木）
「Good-bye My Loneliness」のレコーディングの日、坂井は鮮やかな赤いニットを着ていた。しかし、ジャケット写真では、革ジャンをはおっている。
「鈴木の革ジャンを着せてみて」
長戸が指示したのだ。男物の服をラフにはおる写真で、ZARDとしての坂井泉水はビジュアルデビューした。

デビュー曲には大黒摩季がコーラスで参加

ＣＤジャケットの写真には入っていないが、「Ｇｏｏｄ-ｂｙｅ Ｍｙ Ｌｏｎｅｌｉｎｅｓｓ」のもとの写真には、まだ20歳だったシンガーソングライターの大黒摩季（以下・大黒）も写っている。

大黒はデビュー前。この曲のレコーディングにはコーラスで参加していた。

「『Ｇｏｏｄ-ｂｙｅ Ｍｙ Ｌｏｎｅｌｉｎｅｓｓ』の作曲は織田哲郎さんでした。だから、デモテープの歌を女性のキーに変える必要があり、スタジオで私が仮歌を歌ったんです。その後コーラスをレコーディングしたときに、長戸プロデューサーに連れられて、泉水ちゃん（坂井）がスタジオに現れました」（大黒）

このとき、大黒にはすでにさまざまなアーティストのレコーディングにコーラスで参加した経験があった。

「厳しく、荒々しいミュージシャンの中でもまれていた私の目には、泉水ちゃんの姿がとてもみずみずしく映りました。彼女がとても礼儀正しくみんなに挨拶をしていたことも覚えています。会話でも丁寧に言葉を選び、品性を感じました。とてもまぶしかった」（大黒）

この日以来、「Ｇｏｏｄ-ｂｙｅ Ｍｙ Ｌｏｎｅｌｉｎｅｓｓ」は大黒にとって特別な曲になった。

大黒は「愛は暗闇の中で」「ＩＮ ＭＹ ＡＲＭＳ ＴＯＮＩＧＨＴ」「汗の中でＣＲＹ」「負け

ないで」「君がいない」「揺れる想い」など、多くのZARDの曲にコーラスで参加している。その始まりが「Good-bye My Loneliness」だったのだ。

スタジオにはいつもインスタントカメラを用意

その後も、ZARDの撮影は自然体であることが徹底された。

「坂井さんは、撮影されるのが苦手というか、レンズを向けられると緊張するタイプでした。だから、技術の高いプロのフォトグラファーが正面からねらって撮った写真よりも、素人のスタッフが何気なく撮った素顔の写真のほうが魅力的なことも多かった。レコーディングやオフのときに撮影された彼女のスナップ写真はまるで映画のワンシーンです。ちょっとしたしぐさに憂いがあって、はかなさや切なさが感じられます」(鈴木)

当時はデジタルカメラの時代ではなかったので、スタジオにはいつでも撮影できるように、インスタントカメラの〝写ルンです〟が用意されていた。

「あのころ、インスタントカメラで撮ったスナップも一枚残らずサービスサイズでプリントしたはずです。CDジャケットやプロモーション用の写真としては世に出ていませんが、ファンクラブの会報や写真集には掲載されています」(鈴木)

魅力的な表情の坂井を撮影するために、スタッフはさまざまな工夫をした。
メインのフォトグラファーがレンズでねらうと、それを察して坂井の表情はかたくなる。だから、一度シャッターが切られ、一瞬表情が和らいだタイミングでサブのフォトグラファーが撮る。そのサブが撮影したカットがCDジャケットやプロモーションに使われてもいる。
「デビューして間もないころは著名なフォトグラファーに撮影を依頼することもありました。すると、そのフォトグラファーが好む写真をセレクトしなくてはいけません。スタッフ側が使いたくても、フォトグラファーがNGを出したら使えない。アートワークでの自由度が低くなる。そういう理由もあり、スタッフが撮影するようになりました」（鈴木）
36枚撮りのフィルムを何本も使い、そのプリントはシングルCD1曲で大きな段ボール箱2つ分にもなった。こうした作業をくり返し、鈴木をはじめとするビジュアルのスタッフは、ZARDのイメージを共有していったのだ。

──ファインダー越しの坂井泉水──

「ZARDとしての坂井の写真は、そのほとんどが切なそうな、はかなげな表情でした。でも、親しいスタッフと一緒にいるときの彼女の素顔は姉御肌。みんなの恋愛話を聞くお姉さん的なキャラクターでした。僕も坂井には憂いはあまり感じていません。ところが、不思議なことにカメラのファインダーを通してみると、いつもの彼女ではなくなる。ZARDとしての、あのはかなげな顔なんです。彼女の本名は幸子だったので、僕は〝さっちゃん〟と呼んでいましたが、レンズを媒介すると、さっちゃんが坂井泉水になる。理由はわかりません。彼女が意識していた様子もなかったので、あれも持って生まれた才能の一つかもしれませんね」（長戸）

ふだん接しているスタッフ以外は、本人と会っても坂井泉水だと気づかないことがほとんどだった。

「坂井と打ち合わせをしているとき、僕の弟が会社に訪ねてきたことがあります。弟が坂井に会わせてほしいというので、レコーディングスタジオにいた坂井を連れて来ました。けれど、弟たちは気づかずに座っているだけだったので、こちらが坂井泉水だ、と言ったらびっくりして立ち上がっていました。どうやら会社のスタッフを連れて来たと思ったようです。写真と実物ではイメージががらりと変わっていたからでしょう」（長戸）

こういうエピソードは枚挙にいとまがない。

「ZARDファンの知人と坂井とゴルフに行ったときも、似た出来事がありました。ラウンドの後半になって、その知人が坂井を連れてきてくれなかった、と僕に不満そうに言うんですよ。いやいや、あなた、さっきから坂井と一緒にグリーンをまわっているじゃないですか、と言ったら、やっぱり驚いていました。それが坂井であることがファンでもわからないらしい。でも、間違いなく坂井本人で、顔が違うわけでもない。雰囲気やたたずまいがCDジャケットと異なるんです。ファンははかなげなイメージを強く持っているのでしょう。でも、実物ははかなげではない。それで、気づかない」（長戸）

自然体の彼女を撮るためのスタッフの工夫

一方、ZARDの動画のディレクターには後に著名になったクリエイターもいる。

「初期の3曲、『Good-bye My Loneliness』『不思議ね…』『もう探さない』は、当時はまだ新進映像作家だった岩井俊二さんにお願いしています。岩井さん自身がカメラをまわし、プライベートのシーンを撮っているようなテイストになり、坂井さん自身も気に入っていました。『Good-bye My Loneliness』のロケは朝8時集合でした。しかも、とても寒い朝だったことを覚えています。演出のために雨を降らせての撮影でした。長戸プロデューサーの新品の革のコートを借りて着ていた坂井さんはずぶ濡れ。長戸さんに怒られるんじゃないかと、ひやひやしました」

デビュー当時の撮影の苦労をそう語るのは映像スタッフの高野昭彦（以下・高野）だ。

しかし、映像もスチール同様つくり込まない、より素の状態の坂井を撮影することが徹底されるようになる。

「僕たちは、いかに〝撮影です〟という状況をつくらずに、彼女が自然体でいられる環境で撮影するかに徹しました。最初はレコーディング中の様子を撮っていたんですよ。坂井さんがもっとも素の状態でいる空間ですから。ところが、何度もやっていると、いつも似たような映像になってしまいます。そこで、さまざまなバリエーションにトライしました。彼女が街を歩いているときに、本人にはカメラの場所がわからない遠い位置から撮影したり、スタジオではダミーのカメラをまわし、カット！と言って彼女が緊張を解いたときに、離れた位置から別のカメラで撮影したり」（高野）

このようにスタッフは皆、坂井の撮影に知恵をしぼった。

「彼女の魅力は、その美しさよりも、ちょっとした表情やふるまいの中に見せる切なさだったり、はかなさだったりする。それが自然体であればあるほど、女性としての内面的なかわいらしさとなって、人を惹《ひ》き付けるんだと思います。最初に自然体ということを撮影で意識したのは長戸さんです。そして、初期3作品以降、いわゆるプロモーション・ビデオという企画でつくられる映像は、ZARDにおいてはなくなりました。企画にのっとって撮影をしても、彼女の魅力は表現できないからです」（高野）

彼女が教わった歌詞のセオリー

「Good-bye My Loneliness」は、ZARDのデビュー曲であるにもかかわらず、坂井自身がすでに作詞も手掛けていた。

「わりと小さいころから書いていましたね。人が潜在的に持っている〝言葉〟というのは一生であまり変わらないし、個人差はないと思うんですね。それが外に出るか、自分の中に持っているかで。おしゃべりな人は〝話す〟という形で外に向かっているでしょうし、そうじゃない人は自分の内に向かっているんじゃないかなって思うんです」

坂井自身、後にそう語っているとおり、ZARDでデビューする前から文章を書くことを好んでいたようだ。

しかし、彼女には自分の詞をプロの音楽家の書いた曲に当てはめた経験はない。そこで長戸が作詞の手ほどきをした。

「作詞の指導といっても、あくまでも経験から身につけた僕自身のメソッドですけれどね」

長戸はそう語っているが、その手法は理詰めで、説得力のあるものだ。

① 口語体で書く
② Aメロで情景描写をする

③　Bメロで状況説明をする
④　サビで願望を言う
⑤　サビに曲タイトルを入れる

「適切かどうかわかりませんが、借金の無心にたとえてみましょう。まず、Aメロで〝寒い日が続きますねえ。今年は雪がずいぶん積もっていますねえ〟と情景描写をする。Bメロで〝この寒さでおふくろが体をこわして、もう2か月も入院しているんですよ〟と状況説明をする。そしてサビで〝来月には返すので、5万円ほど貸してもらえませんか〟と願望を言う。これが歌詞の骨格です。そして、サビのアタマにタイトルを入れます」（長戸）

歌詞は、タイトルをまず決めて、そのタイトルは曲のクライマックスであるサビのアタマに置く。そして、ほかの歌詞を書いていくという手順だ。

「タイトルが『Good-bye My Loneliness』ならば、歌詞にもまず〝Good-bye My Loneliness〟ありきです。このフレーズ、インパクトがあるでしょ？　だから、どんなメロディだったとしても、サビのアタマは〝Good-bye My Loneliness〟」（長戸）

言葉の使い方についても、長戸にはメソッドがある。

「ちょっと刺激的なたとえになってしまいますが、全身を愛撫《あいぶ》するように言葉を選び、2行の殺し文句を決める。それを徹底させます」（長戸）

このことをより具体的に解説してもらうと――。

「全身を愛撫するというのはね、なんというかな、言葉で、頭から足の先まで愛《め》でていくんですよ。マッサージするみたいにね。まずは頭です。〝あなたはもう忘れたかしら〟と言うと、リスナーの意識、血液の流れは頭に行きます。〝忘れたかしら？〟でなければ、〝覚えてますか？〟〝思い出してね〟といった単語です。次に、色や景色を描写すると、リスナーの意識は目に行きます。〝赤い手拭い〟とか〝白いギター〟とか〝裸電球まぶしくて〟とか。その次に〝石鹸がカタカタ鳴った〟とか〝冷たい壁に耳をあてて〟と言うと、リスナーの意識は耳に行きます。〝そのときに潮の香りが鼻をくすぐって〟と言うと、鼻に行く。〝靴音を追いかけた〟と言えば足と、また耳です。そして〝貴方は私の身体を抱いて〟と歌えば、抱くのは手ですよね。こうしてお話ししていると1973年にかぐや姫がリリースした『神田川』（作詞・喜多條忠、作曲・南こうせつ。売上枚数約86・5万枚、1970年代の日本のフォークの代表的な曲。関根恵子主演で映画化もされた。坂本九、中森明菜、桑田佳祐など多くの歌手がカバーしている）という作品がなぜ今も聴き継がれているか、わかりますでしょ？　喜多條忠さんという作詞家の歌詞が素晴らしいんですよ。〝ただ貴方のやさしさが怖かった〟というとどめの殺し文句もいい。一方メロディを追っていくと、そんなに動かない。さほど工夫は見られません。だからこの楽曲は歌詞が際立つんです」（長戸）

こうしたメソッドをもとに、長戸は坂井に歌詞を書く基本を伝えた。

「ここで主人公に何か手を使わせようか？」

「青いハンカチを持たせてみようか?」

このようなやり取りを重ね、彼女の書く歌詞にアドバイスをしていった。

さらに、悲しさやうれしさを際立たせる手法も、長戸は坂井に伝えている。

「グレープの『精霊流し』(さだまさしが作詞作曲した、やはり1970年代の日本のフォークの代表曲。売上枚数は約58万枚。小説化、映画化もされた)という作品、ありますよね。あれは恋人を亡くした女性の歌でしょう。その精霊流しのシーンで、主人公の幼い弟がはしゃぎまわっている。その楽しげな描写によって、悲しさがより濃くなっています」(長戸)

こうした長戸のアドバイスを坂井はまるでスポンジが水を吸い込むように吸収していった。

「初期は、とにかく坂井にはたくさん歌詞を書かせました。本数もですが、一つの作品の中に言葉を詰め込んだ。言葉がぎゅうぎゅうに詰まった状態から僕が削って、すっきりさせていきました。坂井はとても勘のいい女性です。歌詞を書くセンスがあった。だから、話したことはすぐに自分の詞に反映させました。僕が具体的にアドバイスをしたのは最初だけですよ。2枚目のアルバム『もう探さない』のころには彼女はほとんど自力で歌詞を書いていたはずです。彼女は、譜割り、つまりメロディに言葉を当てはめることにかけて、特に才能を発揮していました。自分に与えられたメロディを聴いて、その音楽が何を歌っているかを常に意識していたのでしょう」(長戸)

文学や映画からも言葉をインプット

歌詞を書くために、坂井は文学を読み、映画を観て、そこからも貪欲に言葉をインプットしていった。

文学では、石川啄木と中原中也が好きで、啄木の歌集『一握の砂』に胸を震わせていた。

友がみなわれよりえらく見ゆる日よ
花を買ひ来て
妻としたしむ

これは、坂井が特に好きだった歌だ。

「彼女は自己評価が低いというか、性格的に自分が生む言葉に自信がなく、だからこそ、新たな言葉との出会いに貪欲で、文学から常に歌詞を紡ぎ続けることを自分に課していたのではないでしょうか」(長戸)

映画は、パトリス・ルコント監督のフランス映画『髪結いの亭主』やヴィクター・フレミング監督のアメリカ映画『風と共に去りぬ』を長戸が勧めたという。

『風と共に去りぬ』のラスト、クラーク・ゲーブル演じるレッド・バトラーに去られたヒロイン、スカーレット・オハラを演じたヴィヴィアン・リーの有名な台詞《せりふ》がある。

〝After all, tomorrow is another day.（明日は明日の風が吹く）〟

南北戦争後のアメリカ南部、アトランタ近くの仮想の町、タラで、スカーレットがレッド・バトラーに去られ、それでも前を向こうとするラストシーンだ。

こうした言葉は、坂井の中にどんどん蓄積されていく。すぐに作品に反映される言葉もあれば、時間を経て熟成され作品に表れる言葉もあった。

「『風と共に去りぬ』のラストシーンをヒントに後に生まれた曲が『Ｔｏｄａｙ ｉｓ ａｎｏｔｈｅｒ ｄａｙ』です。この曲はアルバムタイトルにもなり、大ヒットを記録しました（１６５・５万枚）。映画には必ずテーマがあります。恋愛映画ならば、２時間で、出会って、別れて、ときには死んでいく。人生が凝縮されているので、とても参考になります。だから、映画を一本観たら、それをもとに必ずテーマを一つ考えてくるように言いました」（長戸）

坂井よりも上の世代のシンガーソングライターでは、松任谷由実と中島みゆきを意識させた。

「ユーミンと中島みゆきの歌詞は全曲暗記しろ」

長戸は坂井に命じた。

「1990年代の時点では、この二人がもっともすぐれたシンガーソングライターでしたから。ユーミンの歌詞で歌われる主人公には自立した女が多い。一方、中島みゆきさんの歌詞の主人公には自分の人生を男に委ねている女が多い。昭和のころの阿久悠さんやなかにし礼さんの進化系です。だから、ユーミンと中島みゆきをインプットすれば、歌詞のバリエーションが豊かになります」(長戸)

文学も、映画も、歌詞も、日常的に質の高いものを体にインプットしていれば、自然にアウトプットの質も高くなっていくという考え方が長戸のベースだった。

坂井は生前、

「好奇心だけが頼りでした。詞を書く秘訣をあげるならば、私自身がリスナーであることです」

と語っていた。

さらにこうも言った。

「私は等身大の一人の人間であって、ものすごい天才でもなければ、常に〝おっ！〟という言葉が出てくるわけでもないから」

この言葉のとおり、坂井はインプットを重ねることによって、自分の中で言葉を生み、熟成させ、アウトプットしていた。

「言葉には貪欲で、本を読んだり、会話の中にヒントを見つけたり、人がふつう当たり前の出来事として見過ごしてしまうようなことに焦点を当てたりしていました。あらゆる瞬間を自分のために〝取材〟していました」

これは、レコーディング・ディレクターの小松久（以下・小松）が記憶している坂井の姿だ。レコード会社のA&R（アーティスト・アンド・リレーション。アーティストの発掘や育成を担当するスタッフ）の小林さゆ里（以下・小林）にも印象に残っていることがある。

「坂井さんは一枚の絵画とか、その日のニュースとか、自分の身近の状況を次々と歌詞にしていました。うちの会社はみんな忙しくて、家に帰れない状況もしばしば起こります。そんな男性社員と彼を家で待つ女性をイメージして歌詞を書いたりもしていました」（小林）

坂井が作詞のために言葉をつづったノートはみるみる冊数が増え、やがて旅行用のキャリーバッグで持ち歩かなくてはいけない量になった。

そんな坂井が書く歌詞の魅力とは何か――。大黒は〝素直さ〟だと話す。

「泉水ちゃんの歌詞からは、華美なデコレーションや虚栄心をいっさい感じません。彼女の心の語るままに紡がれた純度の高い言葉がつづられます。作品を装飾しがちなエンタテインメン

トの世界で、彼女は貴重な存在でした」（大黒）

世の中には、エヴァーグリーンとして聴き継がれる曲、歌い継がれる音楽がある。大ヒットしても、一時の流行で懐メロ化する音楽もある。では、どんな音楽がエヴァーグリーンになり得るのか——。

「それは、歌詞にも、メロディにも、サウンドにも無駄がない作品だと、私は思っています。それを考えると、泉水ちゃんは、時代が変わろうとも揺るがない、リスナーのハートにそのまま寄り添ってくれる絶対的、普遍的な存在でした。等身大でぶれることのない泉水ちゃんが今生きていたら、どんな言葉をつくり、歌っているのか。願いがかなうならば聴いてみたいなあ」（大黒）

歌詞が生きるＺＡＲＤのメロディ

ＺＡＲＤの作品の歌詞のほとんどは坂井自身が書いていたが、作曲はさまざまな作曲家が手掛けている。

「僕のところにはあらゆる作曲家がつくったメロディがあります。その中にはシンガーのテイストに合わなかったり、歌詞と合わなかったり、完成度が低かったり……。何かの理由でボツ

になったまま眠っていたり。その中から坂井に合う曲を選んで、少し僕が手を加えて、ZARDの作品に使っていました」（長戸）

まず曲を選び、その上で坂井が歌詞を書いた。

「世の中のヒット曲のほとんどは、詞か曲、どちらかがすぐれています。曲も詞も両方いいという奇跡的な曲も中にはありますが、それはレアなケースです。両方が強いと、それぞれのよさを打ち消し合ってしまうからです。食事でも、いい主食といい主菜はなかなか共存できないでしょう。もし、新米を手に入れてご飯を炊いたら、やっぱり素朴なお漬物や梅干しと味噌汁と一緒に食べたくなるものです。松阪牛のステーキと一緒に食べたら、新米のおいしさが損なわれてしまいますから。逆に、お米が古かったり、冷めていたりしても、よく煮込んだ味の濃いカレーのルーをかけたら、けっこうおいしく食べられますよね」（長戸）

音楽も同じだという。

「言葉を印象付けるには、メロディにはそれほどインパクトを求めません。だから、ZARDの音楽も、完成度の高いメロディよりも、坂井自身が書く歌詞が生きるメロディを選んでいました」（長戸）

長戸のもとにある曲の多くはデモテープの状態でストックされている。

「デモテープをもとにアレンジャーに依頼し、イントロや間奏をつくり、ある程度アレンジした状態の音を坂井に聴かせてから歌詞を書くことを徹底した。未完成の状態のデモテープではまだ音楽の景色が見えないからです。それではリアルな言葉は生まれません」（長戸）

アレンジの際は、音の厚みを意識した。

「日本で例をあげると、はっぴいえんどを経てソロでアルバム『A LONG VACATION』を大ヒットさせた大瀧詠一さんのような、海外でいうとビートルズの曲『Let It Be』（アルバム・バージョン）やザ・ロネッツの曲『Be My Baby』を手掛けたフィル・スペクターのような音を意識しました。楽器をいくつも重ねて、音を厚くした。特にギターを重要視して、ロックの基本である、5弦、6弦といった太い弦を主にゴンゴンと弾く、パワーコードを使いました。ドラムスは、2拍、4拍、つまりアフタービートを効かせています」（長戸）

坂井自身、ロックをよく聴いていた。

「彼女が好んで聴いていたのは、ボン・ジョヴィやガンズ・アンド・ローゼズです。マドンナの『Like A Virgin』やブロンディの『CALL ME』のようなダンサブルなロックも好きだったと思います。カイリー・ミノーグの『愛が止まらない ～ターン・イット・イントゥ・ラヴ～』やボーイズ・タウン・ギャングの『CAN'T TAKE MY EYES OFF YOU（君の瞳に恋してる）』の影響もあると思います。その結果として、平成版ロックバージョンをイメージしていました。ちなみに僕の想像では、平成版ユーミンのダンサブルバージョンをイメージしていたのがドリカム（DREAMS COME TRUE）ではないでしょうか」（長戸）

アレンジは、多くの音を付けて一度つくり上げる。その後、今度は音を削る作業を行った。

「長戸プロデューサーは、まずアレンジャーや制作スタッフに好きにやらせてくれるので、楽器の演奏でどんどん作品を装飾していきます。その装飾を仕上げのミックスダウンで、長戸さんが大胆に削っていきます。シンセサイザーの音を取り除いたり、ギターソロをなくしたり、音量を下げたり。すると、音がシンプルになり、シンガーが歌う言葉が引き立ってきます」（寺尾）

楽器演奏による音の装飾は流行に左右される。

「流行《はや》りのギターの音やフレーズを音楽に反映させると、そのときはかっこよく聴こえても、時間の経過とともに古くなってしまう。一方、シンプルなアレンジならば、5年後、10年後も、リリース時と同じような感覚で、つまり飽きずに、聴くことができます。だから、時代や世代を超えて聴き継がれているエヴァーグリーンな作品の多くは、アレンジがシンプルです」（寺尾）

このようなプロセスでZARDの音楽はつくられてきたため、シンガーで作詞家の坂井は、作曲家とはほとんど会っていない。

「制作上、会う必要がないんですよ。僕は作曲もたくさんやってきました。500曲ぐらいつくっています。でも、自分がメロディを書いた曲の作詞家には3人しか会っていません。それでも、問題はなかった。詞を書く人と曲を書く人が会う理由がないんです」（長戸）

長戸も作詞家とは、プロデューサーやディレクターやアレンジャーを介してやり取りをした。

「僕が多くの曲をつくっていた1970年代からは、詞が来て、この詞に向けて曲を書いてほしい、という依頼でした。言葉にメロディをつければいいので、それを書いた作詞家が誰でも、僕の仕事は変わりません。もちろん、作曲の過程で歌詞の変更のリクエストをすることはあります。言葉が多すぎてメロディに乗らなければ、言葉を削ってもらいます。でも、それはディレクターに頼めばいい。だから、僕自身がプロデューサーになってからは、作詞、作曲、アレンジ、演奏……など、僕がトータルで責任を持てばいいと考えました。それがＺＡＲＤの制作スタイルにもなっていきました」（長戸）

歌詞がきれいに聴こえるドラム

ＺＡＲＤのスタジオは、ミュージシャンのセレクトにも長戸の意思が強く反映されている。

「大切なのはリズムセクションです。ドラムスとベース。この２つがしっかりしていなければいけません。演奏は上手ければ、それに越したことはない。でも、ただ上手ければいいわけではありません。ドラマーには、見て上手いドラマーと、聴いて上手いドラマーがいます。特にレコーディングでは、絶対に、聴いて上手いドラマーを起用しなくてはいけない」（長戸）

聴いて上手いドラマーとはどういうプレイヤーなのか。

「一例をあげましょう。メトロノームは４拍子を均等に刻みますよね。でも、人間のドラマーは違います。1、2、3、4と均等に打たない。1と3が微妙に長いんです。その分、2と4が短くて、トータルでつじつまが合う。それがいいドラマーです」（長戸）

1が長いので、2は微妙に後に打つことになる。歌より後に鳴るので、言葉がはっきりと聴こえる。1や3の長さの違いや、1の強さなどが、それぞれのドラマーの個性になる。

「ZARDがデビューして少し経った1993年に発表した『雨に濡れて』という曲がわかりやすいかもしれません」（長戸）

「雨に濡れて」は、ZYYG，REV，ZARD & WANDS featuring長嶋茂雄のシングル「果てしない夢を」のカップリング曲としてリリースされた。後にアルバム『OH MY LOVE』にZARDバージョンが収録されている。

「この曲はドラムがほんの少しだけ遅れて鳴る。そこに坂井の声が乗る。とても気持ちよく聴こえます。坂井が歌う言葉がリスナーの耳にきちんと届きます」（長戸）

こういう話を聞いていると、プロデューサーの長戸をはじめとするチームZARDのスタッフは坂井が生む言葉をとても大切に扱っていることがわかる。

テーマは〝平成に生きる昭和の女〟

「坂井がデビュー当初から僕の意見を受け入れた理由の一つには、二人の音楽の好みが近かったことがあるでしょうね」（長戸）

坂井と長戸は音楽的志向だけでなく、リスナーとしての音楽の嗜好も共有していた。

「彼女も僕も昭和のムード歌謡が大好きでした。『星降る街角』や『わたし祈ってます』を歌った敏いとうとハッピー&ブルーとか、『長崎は今日も雨だった』や『そして、神戸』の内山田洋とクール・ファイブとか、彼女も僕も好んで聴いていました」（長戸）

音楽の好みが合ったことで、二人は同じヴィジョンを持つことができ、コミュニケーションが円滑になった。

「彼女が好きだと言っていたテレサ・テンの『別れの予感』は、昭和歌謡の象徴のような曲でしょ。Bメロで主人公が言う、もう少し綺麗なら心配しないけど、なんてまさしく昭和歌謡ならではの台詞ですよ。昭和歌謡の歌詞に登場する女性は、好きになった男性に妻や恋人がいたら、奪い取ることはしません。身を引いて男の幸せを願います。坂井はそういう女性が好きでした」（長戸）

そんな坂井の志向は書く歌詞にも反映されていた。

「彼女がこの世を去ってから、2008年にリメイクしてリリースされた曲に『愛は暗闇の中で』があります。この曲に加筆した歌詞はデビュー当時の坂井が書いたものです。歌詞の主人公は妻のいる男性と付き合っている。そして、坂井の書いた、〝日よう日は彼女にあげる〟というフレーズの〝彼女〟とはその男性の妻のことです。昭和歌謡というか、もう演歌に近い発想ですよね。僕はとても気に入りました。ただ、20代の坂井が、20代のままの雰囲気で歌うには年齢的に早いと感じて、このフレーズは当時温存しました」(長戸)

坂井泉水とプロデューサー・長戸大幸のこうしたやり取りによって、ZARDのテーマは明確化された。

〝平成に生きる昭和の女〟

これがZARDの音楽の柱になった。デビュー以降のZARDのほとんどの作品はこのテーマに沿ってつくられていく。

「僕たちがイメージした〝昭和の女〟とは、好きな男の夢のために身を引く女です。時代が変わり、今の日本にはもういない女性のタイプかもしれません。でも、ZARDの歌の中では生き続けているのです。主人公がいて、恋愛対象の男の子がいる。彼は、ちょっとはにかみ屋で、いつまでも少年の瞳を持ち続けている。そして、主人公は彼を応援し続ける。それが平成に生きる昭和の女です。実際に坂井が書く歌詞には、そういう登場人物が多かった」(長戸)

大黒摩季と共に。「Good-bye My Loneliness」レコーディング。

Today is another day

作詞：坂井泉水

かわいくなれない　本当の理由《わけ》は
あなたが私を選ばないって　知っているから
きき覚えのある　足音がして
“あっ”と振り返ったら　人違いだった

きっと心が淋しいんだ
他人《ひと》に期待したい　あてにしたい　信じていたい
もしあなたを忘れられたら　それでも私　生きていけるのかな
明日がある

口がうまい人だと　誰かにきいた
目の前のとっても弱い人は　うそなの？
疑いだしたら　きりがないのにね
バカみたい　それでもあなたの夢を見る

きっと心が淋しいんだ
他人《ひと》に期待しない　あてにしない　信じたくない
悲しい現実をなげくより
今　何ができるかを考えよう
今日が変わる

きっと心が淋しいんだ
他人《ひと》に期待しない　あてにしない　信じたくない
悲しい現実をなげくより
今　何ができるかを考えよう
今日が変わる

Today is another day

第二章

ZARD以前

1967年2月6日、大雪が降った翌日の寒い午後、神奈川県の病院で坂井泉水（本名・蒲池幸子）は生まれた。

陣痛の気配を感じた母親は、その日の昼ごろに病院を訪れた。

「まだ1時間は産まれそうにありませんね」

母親を診察したドクターはそう言うと、念のためにと母親を分娩台に乗せはしたものの、看護師らも皆、昼休みに出かけてしまった。

ところが、ドクターの見込みははずれる。それから10分も経たないうちに母親に陣痛が来たのだ。

声を上げて呼んでもドクターはいない。ほかのスタッフもやってこない。混乱した。

しかし、選択肢は残されていない。

そのまま分娩台の上で、たった一人で出産。病院内に元気な赤ちゃんの声が響いた。

「お願い！　誰か来て！」

産まれたばかりのわが子を案じる母親は喉が痛くなるほど叫び続けたそうだ。

ドクターが戻ったときには赤ちゃんが産まれて30分が過ぎていた。赤ちゃんはとても元気そうに見える。しかし、退院後に耳から羊水と思われる液体が流れ、家族の心配は続いた。

不安が解消したのは、生後1か月の検診のとき。

「この子は胸板が厚いし、健康に育つと思いますよ」

ドクターがはっきりと言った。

その言葉のとおり、赤ちゃんはすくすくと育っていく。

幼少時の大きなトラブルは一度だけ。4歳のときに三輪車をこいで遊んでいて転び、脚を骨折した。それ以外は大きな病気もせずに成長していった。

――短距離走選手――

子ども時代の坂井は、性格はおとなしく、しかし好奇心は旺盛だった。

「どうして水は流れるの？」

「なんでオタマジャクシには足が生えるの？」

疑問を疑問のままにせず、次から次へと両親に質問を浴びせた。好奇心が強く、観察力があり、川の中に魚が泳いでいると、いつまでも飽きずに見つめていた。

ふだんはおとなしい子だったが、運動能力が高く、スポーツでその才能を開花させた。

特に脚力は同年代の友達の中では圧倒的で、小学校3年生のときにはリレーの選手に選ばれている。走る能力は生まれ持ったものらしく、大会前に自宅の周りを軽くジョギングするだけで、いい成績を収めた。

中学生になると、陸上部に入部。放課後に練習をするようになると、さらに脚力が増す。最初は中距離走選手だったが、短距離走に転向すると、さらに実力を発揮した。神奈川県の大会で上位入賞を果たし、いく度も学校で表彰されるほどの成績をあげている。

「興味があることにはすごい集中力を発揮する子で、陸上部のときも練習のしすぎで疲労骨折になってしまいました。帰って来たら疲れて寝るだけという忙しい毎日でしたが、特別に負けず嫌いではなく、自分に合ったことを常に楽しみながらやっている感じでしたね。当時はよく、家族で競技場へ応援に行きました。家族としてはたくさんの喜びをもらったと思います。走っている写真はパネルに入れて、ずっと自宅に飾っていました」

このように家族は語っている。

坂井は、走るのが速いからといって、なんでも要領よくこなせるタイプではなかった。走れば速いけれど、やることはいつものんびりしていて、マイペース。妹は前日に学校のしたくをきっちりしないと気がすまなかったが、坂井は出かける直前まで準備をしていて、うっかりお弁当を忘れたことが何度もあった。

しかし、好きなことに対しては、性格が一変。夢中で練習に励み、陸上では好成績を残していく。

その結果、次第に他校でも彼女の名前を知る者が出てくるなど注目が集まり、特に男子生徒からの人気は高かったようだが、本人は周囲にあまり興味を示さず、ひたすら陸上に打ち込んでいたという。

ふだんはおとなしくて目立たないのに、本気でやり始めると注目されてしまう。それは彼女が持って生まれた運命だったのかもしれない。

――テレビの中に入りたい――

坂井はわずか2歳のころからテレビに興味を示した。

「テレビに映りたい」

「テレビの中に入りたい」

その思いから、よくテレビの裏側に入り込んだ。

「私、映ってる？」

テレビの裏に身を隠して、家族に聞いたという。どう答えたらいいか、対応に困る家族とのやり取りはいつまでも続き、彼女はやがてテレビのわきで眠りにつく。

坂井が子ども時代によく歌っていたのは「夕焼け小焼け」「靴が鳴る」。音楽が好きな母はオルガンを弾きながら彼女に歌って聴かせ、そのうち一緒に歌うようになった。家の中は童謡大会のようになったという。そんな家庭に育てば、歌が好きになる。妹とともに好きな歌手の真似をして家族に歌って聴かせていた。

近所の音楽教室にも通った。初めはみんなでお遊戯をやっていたが、そのうちピアノに興味を持ち、個人レッスンを受けることになる。

ピアノは、楽譜を見ればある程度の曲を演奏できるほどに上達したが、中学生になると陸上部の活動が忙しくなり、レッスンを受ける時間をつくれなくなってしまった。

「音楽教室では、先生が弾いたピアノの音を聴きとって譜面を書くレッスンがありました。そのことについては素晴らしい才能がある、と先生に何度もほめていただいた記憶があります。音に敏感だったのか、耳がよかったのか、どうしてその音がわかるのか不思議でしたが、そういう素質が小さいころからあったのかもしれません」

家族も語るとおり、ピアノをやめても音楽の成績は常によく、大好きであり続けた。中学に入り、陸上部が忙しく、ピアノのレッスンに通えなくなっても、ギター部にも籍を置いていたほどだ。

自分が携わるすべての仕事へのプライド

短大を卒業し一旦は就職したが、その後、坂井はレースクィーンやカラオケクィーンなど、本名名義で芸能活動を始めた。

「歌手になりたかったけれど、方法がわからなかった。顔がきれいでスタイルもいいので、歌よりも先に容姿を生かす仕事がたくさん来てしまうんでしょう」（長戸）

しかし、どの仕事にも、しっかりとプライドを持っていた。ただ流されるように仕事をしていたのではなく、自分の意志を持って、仕事を選択していたのだ。

長戸にはとても印象的だった体験がある。

「出会ったばかりのころ、坂井にカラオケに誘われたことがあります。曲がなんだったのかは忘れましたが、彼女が選曲して演奏が始まりました」（長戸）

イントロが鳴り、歌詞とともにモニター画面の映像がスタートすると、坂井が画面を指差した。

「この女性は私です」

歌詞に合わせて展開するショートストーリーの中で、ヒロイン役を演じているのが坂井だったのだ。

「カラオケの仕事はまだ数カ月契約が残っていること、彼女のためにその仕事を獲得してくれた、当時彼女が所属していた事務所のスタッフへの感謝、引き受けた仕事への責任をまっとうしたいという思いを坂井は語りました」（長戸）

その意志を伝えるために、新しい仕事のパートナーである長戸をカラオケに誘ったのだ。

坂井はグラビアの仕事もやっていた。

「１９９０年代のグラビアタレントにはまだそれほどアイドル性はなく、エロスのイメージが色濃くありました。アーティストとしてスタートを切るにあたって、僕たちはその事実に触れたくはなかった。でも、彼女はその仕事を獲得してくれたスタッフへの感謝の気持ちを語りました。自分のために汗を流してくれた人がいて、納得して引き受けた仕事だと。毅然とした態度でした。そういうことでは、過去を悔やんだりしない、まったく意志にぶれのない女性でしたね。昔気質というか、昭和的というか。だからこそ〝平成に生きる昭和の女〟というテーマは彼女にふさわしかったと思いますよ」（長戸）

そんなバックグラウンドを持つ坂井泉水がついに「Ｇｏｏｄ-ｂｙｅ Ｍｙ Ｌｏｎｅｌｉｎｅｓｓ」で夢だったアーティストとしての第一歩を踏み出した。

身長 113.5 センチメートル、
体重 20 キロ、6 歳のとき。

毎年、リレーの選手に選ばれた。

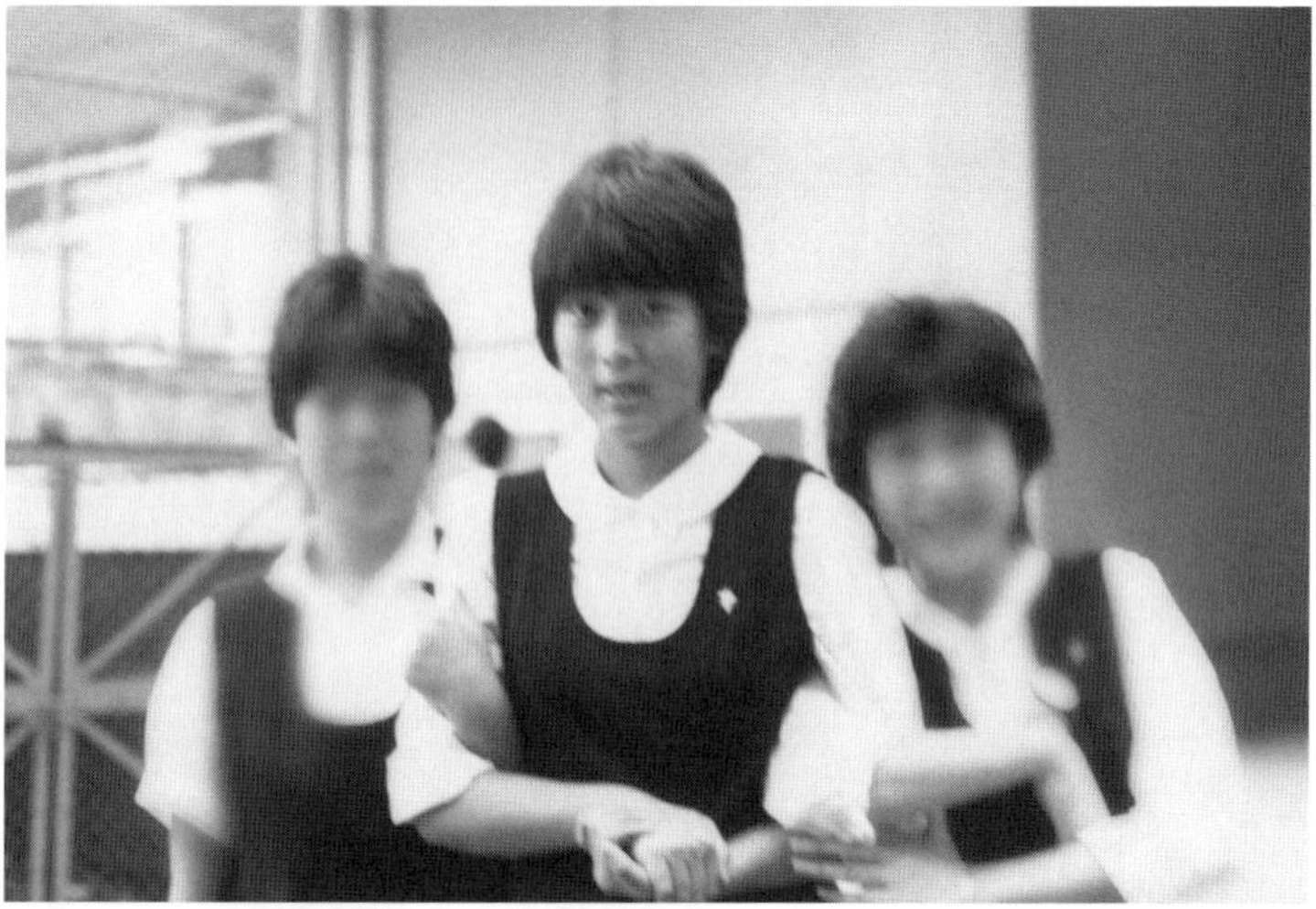

中学生のとき、友達と一緒に。

中学校の文化祭にて。

スポーツは万能だった。

卒業式にて。

Good-bye My Loneliness

作詞：坂井泉水

心の奥を　あなたに　のぞかれそう
瞳をそらしても　気づかれそうで
煙る都会の　Rain drops
揺らいでいたの
また独りに　なるのが怖くて

Good-bye my loneliness
あなたの胸に　そっと　Tenderness
飛び込みたいの
だから今は　そばにいて欲しいの
抱きしめて　夢が消える前に

つれない恋の　行方は　季節まかせ
いつも未来が　雨でみえない
霞む都会の　Tear drops
臆病になるの
さめた想い　あたためて欲しい

Good-bye my loneliness
信じていても　ふたりFaraway
思い出になる
だから今は　そばにいて欲しいの
抱きしめて　すべて　忘れさせて

Good-bye my loneliness
信じていても　きっとFaraway
思い出になる
だから今は　行かないで欲しいの
抱きしめて　夢が消える前に

第三章

開花

1991年2月に「Good-bye My Loneliness」でデビューして1年半ほどを経て、ZARDの音楽、ZARDのイメージはリスナーや音楽シーンに徐々に届いていった。

「いい作品をつくるためには絶対に妥協はしない」

その基本姿勢は、坂井泉水、プロデューサーだけでなく、ディレクター、エンジニア、ミュージシャンなど、すべてのスタッフに徹底されていた。

2枚目のシングル曲「不思議ね…」は、「Good-bye My Loneliness」がリリースされた時期にレコーディングに入っている。音域が広くボーカリスト泣かせの曲といっていい作品だ。それでも、坂井は無難にこなした。

しかし〝無難にこなす〟レベルでは、本人もスタッフも満足はできない。かすかなピッチ（音程のこと）のずれも許さず、完璧を目指して何度も歌入れをくり返した。

「『不思議ね…』は1991年1月からスタジオに入ってオケのアレンジをしています。スタッフもまだ坂井さんの声が心地よく響く音域や歌いやすい音域をつかみきれていなくて、オケがかなり出来上がったところでキーを半音上げることになりました。つくり直しです。その後、ボーカル・レコーディングは5回。1日に4～5テイク歌うので、トータルで20テイク以上のボーカルを1曲につなぎ合わせました。僕のキャリアの中であれほど多くのボーカルテイクをつなげたことは、ZARDのほかにはありません」

そう証言するのは、レコーディング・エンジニアの市川孝之（以下・市川）だ。

歌入れは3月16日にスタート。その後、22日、23日、4月4日、5日と計5日行った。

市川の言うように、1日に録音するテイクは4〜5回。そのすべてのプレイバックをスタッフや本人が確認して、それぞれのいいところをつなぎ、OKトラックをつくる。次の日にまた同じ作業を行い、前日のOKトラックと合わせ、さらにいいところをつないでOKトラックをつくる。このプロセスを5回くり返し、クオリティを上げていく。

ただし、この時点の音源はダビングにダビングを重ねているので、あらためて半日以上を費やしてオリジナルの音をつないで最終的な音を完成させた。

―マイク、ヘッドフォン、トイピアノ―

スタジオ内の坂井が歌入れを行うブースには、マイクとヘッドフォンと、中期からはトイピアノがいつも用意されていた。

マイクは、その時期の声に一番合ったものが使われたが、坂井のキャリアを通してもっとも長く愛用していたのは〝アカゲのチューブ〟といわれた真空管マイク、AKG THE TUB

Eだ。

洗練された高音域、音の密度が濃く感じられる中音域が特徴で、その性質ゆえ、ロックのシャウトがきれいに録音できる。そして、ゴールドのボディが美しい。このマイクを置くスタジオは多くはなく、希少性の高いマイクでもある。

そのときどきで自分の声に一番合うマイクを選ぶことからも、坂井の歌への思いの強さがうかがえる。

坂井は後にNEUMANN U87Ai も自費で購入。「Get U're Dream」などで使用している。こちらは、多くのスタジオでも置いている高性能でポピュラーなマイクだ。AKG THE TUBEと比べると、声をシャープに録音することができる。

ヘッドフォンも、坂井専用のものがスタジオに用意された。アシダ音響のST-31だ。遮音性にもフィット感にもすぐれ、ありのままの音を再現する能力の高さから、かつてはスタジオの定番ヘッドフォンとされていた。「音が耳に痛くない」という理由で、坂井はこのヘッドフォンを愛用していたという。

トイピアノとは、その名のとおり、ピアノのような形状をした子ども用の鍵盤のおもちゃで、マイクの右わきに常にセッティングされていた。歌入れのときにコードやピッチやメロディを確認するためだ。高価なエレクトリックピアノを用意しても、そちらではなくトイピアノを使っていたので、かなり気に入っていたのだろう。

坂井はこのトイピアノを〝ベイビー・グランド〟と名付け、1997年にリリースされたシングルナンバー「My Baby Grand～ぬくもりが欲しくて～」のタイトルにもなった。

自宅のようにくつろげるスタジオ

スタジオ内の歌入れのブースは、坂井だけの世界だ。ブースは通常、スタッフやほかのミュージシャンとコミュニケーションがとれるようにガラス張りになっている。しかし、坂井が歌うときは、彼女が集中できるようにカーテンを引き、スタッフから彼女の姿が見えない環境をつくった。

「ボーカル・レコーディングのとき、坂井さんは僕たちに歌っている顔を見せません。必ずカーテンを引いていました。そのほうが集中できるのだと思いますが、僕たちは音が聴こえてこないと中の様子が何もわからないので、話しかけるタイミングをいつも考えていましたね。そういう意味では、坂井さんは一人で歌と戦っている感じでした」（小松）

「坂井はね、全力で歌うんです。思い切り口を開けてね。その表情を見せたくなくて、いつもカーテンを引いたのでしょう」（長戸）

坂井はピッチの正確さを特に大切にしていて、少しでも納得できないと、同じ曲を何度も歌い直していた。

録音した音源は自宅に持ち帰って、再チェックし、翌日に修正して歌う。それをくり返した。

「アーティスト目線とリスナー目線。坂井さんは常に両方を持つように心がけていたと思います。そのことについては見事でした。自分の声を客観的に聴ける人ではありましたが、それでも自分の歌は、歌った直後は自分ではなかなか判断できないとも思っていて、何パターンも歌った音源をカセットテープに録音して、自宅に持ち帰って家族に聴かせ、その反応を確認していた。弟さんの意見を特に参考にしていたようです。その努力もあって、歌詞、メロディ、アレンジ、ミックス……が調和していきました」

このようにレコーディング・エンジニアの島田勝弘(以下・島田)も証言する。

島田はZARDの初期からプロジェクトに参加し、ZARDとしての坂井の全16年、ほぼすべてにかかわった。

キャリアの後半、坂井はセルフ・プロデュースを行うようになる。そのためディレクターがレコーディングの現場に立ち会うことがなくなったが、島田だけはエンジニアとしてZARDのスタジオに入っていた。

「これまでの私の人生で一番長く時間を過ごしている男性は島田さんだと思います。でも、私の人生、それでいいんですかね?」

坂井はそう言って笑っていた。

「坂井さんはもちろんピッチも意識していましたけれど、特に気にしていたのは声質、つまり声の透明感や曲の中の歌の抜け具合です。歌の表情やニュアンスを何よりも大切にしていまし

た」（島田）

　このようなことは、毎日のようにスタジオで時間をともにしていた島田だからこそ感じたのだろう。

　〝歌の表情〟をよくするには、技術だけではなく、気持ちの状態も大切だ。そこで、島田はスタジオを坂井の居心地のいい空間にすることを心がけた。

「いつも僕は坂井さんが来る1時間前にはスタジオに入り、加湿器をセットして、テーブルにのど飴《あめ》を置いて、トイレのマットなどもZARD用に替え、キッチンを掃除しました。坂井さんに100％の力を発揮してもらうことが、僕の仕事だと思っていたからです。坂井さんは、自宅から自分用のマグカップもスタジオに持ってきていました。そのカップでカモミールティーを飲むと、気持ちが落ち着くようでした」（島田）

「アーティストにはさまざまなタイプがいて、スタジオという非日常の空間に入ってテンションが上がる人がいれば、スタジオでも自宅のようにくつろげたほうがいいという人もいます。坂井さんは明らかにスタジオでも平常心でいたいタイプでした。エンジニアの島田さんがスタジオを自宅と同じような気持ちでいられるように準備していたことによって、坂井さんはコンディションを維持できていたと思います」（寺尾）

　坂井とチームZARDの努力が明らかな成果につながったのは、1992年8月にリリースされた4枚目のシングル「眠れない夜を抱いて」、そしてこの曲を収録し9月にリリースされた3枚目のアルバム『HOLD ME』だった。

「眠れない夜を抱いて」はオリコンで最高位8位。9位になったデビュー曲「Good-bye My Loneliness」以来のベスト10入りだった。

この曲で、ZARDは初めてテレビ番組に出演した。テレビ朝日系の『ミュージックステーション』だ。

ZARDが『ミュージックステーション』に出演したのはわずか5回であったが、それは半年という短い期間に立て続けの出演であった。そのうち3回は「眠れない夜を抱いて」、あとの2回はそれぞれ「IN MY ARMS TONIGHT」と「負けないで」を歌った。

「初めての『ミュージックステーション』出演は、僕たちスタッフにとっても緊張感のあるものでした。初テレビ出演なので、ディテールまで考えた。たとえば、坂井さんの髪の毛はブラッシングし過ぎていないか。白シャツの素材や形はもちろん、アイロンがかかり過ぎてあからさまにステージ衣装のようになっていないか。本番直前までチェックにチェックを重ねました」

そう話すのは、ZARD初期のレコーディング・ディレクター、渡部良（以下・渡部）だ。

実際に、テレビ局が用意したメイクアップアーティストが施したメイクはZARDのイメージと違っていた。

「すぐに髪と顔を洗ってこい」

長戸が坂井に命じる。

本番まで45分しかなかった。しかし、ZARDのイメージに合わないメイクで出演するわけにはいかない。

坂井は躊躇《ちゅうちょ》なく楽屋に戻り、髪を洗い、メイクを落として戻ってきた。そして、ノーメイクでカメラの前に立った。

――ZARDの方向性を決定づけた『HOLD ME』――

その「眠れない夜を抱いて」を収録したアルバム『HOLD ME』は、オリコン初登場で2位を記録。初めてトップ3にチャートインし、最終的に106・5万枚のセールスを上げる。この作品から9枚連続で、ZARDはアルバムのミリオンセールスを記録していく。アルバムのミリオン獲得の連続記録は現在も歴代1位となっている。

ZARDのターニングポイントといえるこのアルバムではまず、サウンド面での進化があった。

「『HOLD ME』によって、ZARDのイメージや方向性を関係スタッフみんなが共有してきたと実感できました。デビュー時は坂井さんのロック性や、艶のある声も意識しながら制作していたけれど、『HOLD ME』からは明るいサウンドになっています。失恋を歌う切ない歌詞でも、曲は明るい。それがリスナーに受け入れられました。『負けないで』が売れる前の時期で、ZARDの世間での知名度はまだそれほど高くないにもかかわらず2位になり、ミリオンヒットにもなりました。あそこでチームみんなが自信を深め、ZARDの方向性も明確になりました」（寺尾）

ビジュアル面でも方向性がはっきりした。

「アーティストはリアリティ」

長戸はことあるごとにチームZARDのメンバーに言った。

「長戸さんがイメージするZARDを僕たちビジュアルチームもしっかりと共有できたと思えたのが『HOLD ME』でした」（鈴木）

アートディレクターの鈴木には、ZARDのイメージがはっきりと見えた撮影現場がある。

「相模湖の、ちょっとメキシカンな雰囲気のスタジオでの撮影です。カメラ目線の坂井さんではなく、自然な表情を意識しての撮影に徹しました。自然な坂井さんを撮るために、ライティングではなく、初めて自然光で撮影しています。それまでの撮影では坂井さんの目線をもらっていたけれど、繊細な性格なので、どうしてもかたい表情になっていました。あの相模湖の撮影で、ZARDのビジュアルが見えました」（鈴木）

このアルバムを機に、坂井のたたずまいも変わった。

「ZARDとしての自分を強く意識するようになったと思います。ZARDとして音楽をつくり歌っていく自覚というか、覚悟ができたんじゃないでしょうか」（鈴木）

それは会話の内容にも表れた。

「ロケーションを選んでも、服を選んでも、その都度、これはZARDの雰囲気だね、これはZARDではないね、というやり取りを行うようになりました」（鈴木）

そういう作業を重ねることで、チーム全員がZARDのイメージを共有できたのだ。

「アーティストはリアリティ」という長戸の言葉をチーム全員が肝に銘じていた。

「実際に、現場で自分のやるべきことに真剣に取り組む坂井さんの表情が一番魅力的でした。僕たちも皆、それがよくわかってきたんだと思います」（鈴木）

「IN MY ARMS TONIGHT」を歌った4回目の『ミュージックステーション』出演では、ちょっとしたハプニングがあった。その出来事は、本番と同じ衣装で歌う通しリハの後に起きている。

「これはZARDのイメージと違うんじゃないか」

歌っている坂井の姿を見た長戸が感じたのだ。

テレビ収録では通常、ヘアメイクとスタイリストがつく。しかし、きっちりとスタイリングされた坂井は、この時期にはすでに徹底されていたZARDのイメージと違っていたのだ。

「シャツを買ってこい」

長戸は、今度は自分のスタッフに命じた。

テレビ朝日がある六本木の街をスタッフがシャツを探しに走る。それぞれアパレルショップをまわり、坂井に合うシャツを探した。

「結局、知り合いがいたジョルジオ・アルマーニのショップでメンズのシャツを買い、坂井に着せました。当然サイズが大き過ぎるので、背中のあたりでクリップでとめて歌わせました」(長戸)

―「負けないで」の主人公が〝平成に生きる昭和の女〟―

翌1993年、ZARDはついにナンバーワン・ヒットを生む。シングルの「負けないで」と「揺れる想い」、アルバム『揺れる想い』がミリオンセラーになり、オリコンのチャートでも1位となった。

6枚目のシングル「負けないで」は、165万枚のセールスを記録。ZARDのキャリアで最大のヒットシングルになった。

この曲は最初、フジテレビ系のドラマ『白鳥麗子でございます!』のエンディングテーマとして流れたが、やがて日本の応援歌の一つとして、聴き継がれ、歌い継がれていく。

1994年には春の甲子園、第66回選抜高等学校野球大会の入場行進曲にも選ばれた。

日本テレビ系の『24時間テレビ「愛は地球を救う」』のチャリティマラソンのゴール直前では、出演者全員での合唱が定番となり、フジテレビ系の『FNS27時間テレビ』のマラソンでも合唱されている。

2010年には、バンクーバーオリンピックで、NTTドコモのCMの応援ソングに起用された。

2011年3月、東日本大震災が起きた際は日本中のチャリティコンサートで「負けないで」が歌われ、演奏され、ラジオではもっとも多くオンエアされた。

2014年からは、坂井の出身地近く、小田急線の渋沢駅ホームの上り電車の接近を知らせる音楽にも使われている（下りホームは「揺れる想い」）。

そんな大ヒットナンバーの魅力について、プロデューサーの長戸はこう語った。

「『負けないで』は、タイトルがイメージするとおり〝応援歌〟としてヒットしました。でも、それだけではありません。この歌の歌詞には切なさがにじみます。愛する相手の夢の実現のために身を引く女性の歌でもあるからです」（長戸）

「負けないで」は、このタイトルを歌うサビアタマの印象が強いが、歌詞をしっかり聴くと、好きな男の子の夢のために身を引き、遠くで応援し続ける〝平成に生きる昭和の女〟の歌だとわかる。坂井と長戸のコンセプトが世の中に見事に受け入れられた象徴が「負けないで」の大ヒットだった。

この曲が収録されたアルバム『揺れる想い』は、なんと223・9万枚の、ダブルミリオンを超えるセールスを上げる。このアルバムはさらに2曲、ヒットシングルを収録している。日本テレビ系のドラマ『彼女の嫌いな彼女』の主題歌「君がいない」は80万枚。そしてもう一曲はポカリスエットのCMソングになった「揺れる想い」で、140万枚のヒットになった。

キャリアとヒットを重ね、アーティストとしての坂井泉水の名前は広い世代に知られ、それとともにボーカリストとしても作詞家としてもレベルアップしていった。

「君がいない」には2つのバージョンがある。最初はCのキーでレコーディングされて、シングルCDとしてリリースされた。しかし、発売された音を聴いた坂井がBのキーでのレコーディングをリクエストする。Cバージョンのハイトーンのボーカルに違和感を覚えたのだ。

「坂井さんには自分を客観視する才がありましたから、最大限努力した自分の歌に対して、まるでほかのシンガーに対するかのように躊躇なくダメ出しした。それがいつも実に的確な指摘でした」（島田）

低いキーで歌ったほうがより歌詞が伝わる、という坂井の意見を尊重し、アルバムには、再録したBバージョンの「君がいない」が収められた。

「揺れる想い」は、坂井本人だけでなく、大黒摩季にとっても思い出深い曲となった。

「『揺れる想い』は、泉水ちゃんが指名してくれて、コーラスをやらせてもらいました。あのとき、スタジオで二人でコーラスラインを考えて、一緒に歌いました。今もこの曲を聴くと涙が溢れます」（大黒）

アルバム『揺れる想い』の時期は、ビジュアル面でも洗練されていった。

「シルエットだけでわかるビジュアルを意識しました。それがＺＡＲＤの坂井泉水だと多くのファンに認知してもらうには、とても大切なことです」（長戸）

当時の坂井のヘアスタイルは、後ろで一つに束ねているのが特徴だった。

「左サイドの顔が特に美しかったので、髪を後ろで束ねて、左側のシルエットのイメージを定着させるように心がけました。ジャケット写真やプロモーション用のアーティスト写真は基本左側からの撮影です。ただし、アルバム『揺れる想い』のジャケット写真だけはデザインの関係上、右側の顔になっています。でも、あれも実は左側の写真です。反転して使いました。だから、シャツのボタンが逆に写っています。ファンはすぐに見破ったと思いますけれどね」（長戸）

シングル「負けないで」「揺れる想い」、そしてアルバム『揺れる想い』の時期にはＺＡＲＤのイメージは確固たるかたちになっていた。

――ＺＡＲＤの色は青――

「負けないで」での大ブレイク直後、「揺れる想い」から映像スタッフとしてチームＺＡＲＤに加わったのが伊藤孝宏（以下・伊藤）だ。

「僕が坂井さんと会ったのは、テレビの制作会社からレコード会社のビーイングに転職して間もないころでした。ほかのアーティストの映像チェックで、総合プロデューサーで当時社長だった長戸さんの部屋に呼ばれたのが最初です」（伊藤）

部屋に入ると、そこに坂井もいた。

「あの『負けないで』が大ヒットした直後で、坂井さんと社長を前に、僕は緊張してがちがち。どんな会話をかわしたのか覚えていません。坂井さんについては、ただただきれいだなー、と。あの日の僕の緊張した態度がよほど印象的だったらしく、いつまでも（彼女に）真似をされて困りました」（伊藤）

伊藤も、以降のZARDのキャリアのすべてにスタッフとしてかかわっている。

ZARDのスタッフとしての初仕事、「揺れる想い」のプロモーション映像は伊藤にとっては想定外の手法だった。

「ふつうはテーマありきで撮影を行います。コンテを作って、スタート！　アクション！　の合図で始める。ところが、ZARDの現場は、坂井さんの自然な姿を長時間撮影して、長戸さんがベストシーンを選び、その映像を軸に全体を構成していきます。スタート！　アクション！　はなし。坂井さん自身の映像が決まったら、その間を海や青空でつないでいきます。CGを使うこともありません。映像に意味は持たせません。曲とともに本人のイメージがリスナーの意識に残ることがもっとも重要でした」（伊藤）

この撮影の手法は、試行錯誤を重ねて「揺れる想い」で確立し、新曲をリリースするごとに定着していった。

「ＺＡＲＤの撮影現場では、カメラマンやディレクターは作品性を意識しません。主観を入れません。そこで何かしらの自己実現を試みません。徹底していました。それから、坂井さんのカラーは青ということも共通認識だったと思います。プロデューサーに指示されたわけではなかったと思います。でも、全員が自然に共通認識として持っていました。結束を感じましたね」（伊藤）

――担当者は同世代の新人――

「負けないで」のリリース直後の１９９３年2月5日には、坂井には最後の『ミュージックステーション』の出演があった。

Ａ＆Ｒの小林は、この時期にＺＡＲＤが所属するレコード会社に入社した。その前は証券会社勤務。音楽業界は右も左もわからない。

入社して間もなく、上司に呼ばれた。

「明日から君はＺＡＲＤの担当だ。坂井泉水さんがスタジオに来るから、挨拶しなさい」

そう指示され、翌日、状況が呑み込めないまま挨拶に向かった。

「若かったし、音楽業界は初めてだったので、ＺＡＲＤを担当するということがどんなに大変か、よく理解していませんでした。何も疑問を持たず、さしたる不安も覚えず、スタジオに向かいました」（小林）

坂井とはもちろん初対面だ。それまで写真で見ていた坂井に対する小林の印象は、もの静かな女性。伏し目がちの憂いのある表情のカットしか目にしたことがなかったからだ。

しかし、スタジオには、白いニット姿の輝くような坂井本人がいた。

「今日から担当させていただく小林さゆ里です。よろしくお願いします」

目の前の坂井の美しさに圧倒されながら挨拶をした。

「こちらこそよろしくお願いします。小林さん、頼りがいのありそうなかたですね」

坂井は微笑んだ。

「ＣＤジャケットよりもはるかに美しくて、びっくりしました。ＺＡＲＤの初期はロック調の曲も多かったけれど、あの日の坂井さんの容姿からは、一般的なイメージでいうロック的なとがった部分は感じませんでした。やさしく話しかけてくださって、すごくうれしかったことを覚えています」（小林）

小林の年齢は坂井よりも一つ下。同世代だったこともあり、すぐに打ち解けた。

「ブレイク直後の大切な所属アーティストの担当にド新人を付けた会社の判断にもびっくりですけれど、音楽業界について右も左もわからないド素人同然の私を快く受け入れてくれた坂井さんの度量の大きさにも驚きました。その日、坂井さんが着ていた白いニットは、『揺れる想

い』の映像でも見ることができます。同性から見てもどきどきするほどの美しさでした」（小林）

「負けないで」を歌った最後の『ミュージックステーション』の出演があったのは、小林がZARDを担当し始めてすぐのことだった。

「勉強しに来い」

上司に言われて小林も同行した。

「同行といってもスタジオには入れず、廊下で待機です。ただ、廊下でも緊張感は十分に体験できました。その日、先輩の女性が風邪をひいて、マスクをして現場に現れたんですよ。それを見た長戸さんが、激怒したんです。体調管理ができていないことを厳しく指摘されて、帰されました。けっして甘い現場ではないことを実感しましたね」（小林）

――スタジオの照明がメイク――

ZARDがテレビに出演するとき、坂井はいつもとは違うスケジュールで臨んだ。

「テレビ出演日の3日前からほかのスケジュールはいっさい入れませんでした。プロモーションはもちろん、制作のスケジュールも全部ストップです」（小林）

『ミュージックステーション』の出演にはちょっとしたエピソードがある。
「あらっ、坂井さん、衣装に着替えないのですか?」
本番前、楽屋から通しリハへ向かう途中で、ノーメイクに白シャツの坂井の姿を見たあるアイドルに聞かれた。まさかノーメイク、シンプルな衣装でテレビ出演するとは、考えもしなかったのだろう。同じ番組の出演者に私服と思われたくらいだから、本人やスタッフみんなでつくり上げたアーティストとしてのZARDの魅力が発揮されていたといっていい。
「ZARDのイメージを損ねないためのノーメイクですが、実はテレビ局のスタジオという環境を最大限生かすという目的もありました。スタジオの床は、近くで見ると傷も多く、汚れているんですよ。毎日使っていますから。ところが、そこにライトが当たると、とてもきれいに輝きます。その床に反射する照明が、坂井を際立たせてくれました。いわば歌うとき限定のメイクです」(長戸)
その後もテレビの音楽番組から出演依頼はあったが、実現はしていない。
「一度ZARDの特番の依頼があり、スタジオで実際に歌ったこともあります。でもそのときも、ヘアメイクがイメージと違って。結局、その映像をテレビ局から買い取り、番組は幻になっています。この映像は、後年追悼ライヴで公開しましたが」(長戸)
最後の『ミュージックステーション』出演から、坂井のメディア露出は一気に少なくなった。テレビも、雑誌も、スタッフや坂井本人が大切にしているZARDのイメージどおりのビジュアルを実現するのが難しかったのだ。

「メディアへの露出が減った一番の理由は、坂井の体のコンディションが安定しなかったことです。そして、映像でも、画像でも、坂井はカメラを向けられるのが苦手だったので、レコード会社サイドのプロモーション的な判断もありました。それに、実物の坂井はきれいすぎたんですよ。ZARDのCDジャケットの写真の、あのはかなげな感じではなく、モデルのように美しかった」(長戸)

ありのままの坂井が世の中に広く露出したら、女性リスナーに敬遠されてしまうのではないか。それを危惧したのだ。

「当時のCDジャケットの、うつむき加減の写真ですら、どんな女性にも受けていたというわけではありませんでしたからね。後年女性ファンがどんどん増えていますが、当時のZARDのファンはやはり男性が主流でした。女性にも好かれるように、せめて女性を敵にまわさないように、美しく写っている写真は、デビューしたときから、CDジャケットやプロモーションにはあえて使わず封印していました」(長戸)

―― 長嶋茂雄監督と歌で共演 ――

1993年には特別なプロジェクトも企画された。ZYYG,REV,ZARD & WAND

S featuring 長嶋茂雄で「果てしない夢を」をリリースしたのだ。これは、人気のミリオンセラーアーティストたちと長嶋監督（当時）が歌で共演するという夢のようなプロジェクトだった。

「レコーディング当日、坂井さんと長戸さんが長嶋監督のよく通っていた赤坂のお寿司屋さんに出向き、僕たちスタッフはMOD STUDIO BEINGでレコーディングの準備を整えて待ちました」（渡部）

ビデオ、スチールの各撮影隊など総勢約20人で待ち構えていた。

「今から向かうから、全員姿を見せないように」

との連絡が入る。その時点ではまだ長嶋監督の撮影の許可をもらっていなかったのだ。

「しばらくすると、スタジオに3人が到着した気配がありました。でも、僕たちは全員隠れているので、姿は見えません」（渡部）

それから10分ほどして、長嶋監督サイドから撮影のOKが出る。

「大至急準備！」

その指示とともに撮影チームが現れて速やかに動き始めた。

「お寿司屋さんでは、坂井さんが長嶋監督の横に座ってお酌してさしあげたそうです」（渡部）

レコーディングの日、長嶋監督はZARDを「サード」と聞き間違え、現役時代の自分のポジションと同じだと言って上機嫌だったという。

実は坂井はZARD以前から熱い巨人ファン。ファンクラブの会報でも、読売ジャイアンツや長嶋監督についてつづっている。坂井個人にとっても「果てしない夢を」は特別な作品になった。

「坂井さんは後に監督にもなった高橋由伸選手の大ファンでもありました。選手時代の高橋選手がスランプだった時期、僕に突然、それでも私は高橋選手を応援したい！　と宣言したことがありましたから。ビジュアルも好きだったみたいですけれど、野球に取り組むまじめな姿に特に魅力を感じていたようです」（寺尾）

揺れる想い

作詞：坂井泉水

揺れる想い体じゅう感じて
君と歩き続けたい　in your dream

夏が忍び足で　近づくよ
きらめく波が　砂浜潤して
こだわってた周囲《まわり》を　すべて捨てて
今　あなたに決めたの

こんな自分に合う人はもう
いないと半分あきらめてた

揺れる想い体じゅう感じて
このままずっとそばにいたい
青く澄んだあの空のような
君と歩き続けたい　in your dream

好きと合図送る　瞳の奥
覗いてみる振りして　キスをした
すべてを見せるのが　怖いから
やさしさから逃げてたの

運命の出逢い　確かね　こんなに
自分が　変わってくなんて

揺れる想い体じゅう感じて
このままずっとそばにいたい
いくつ淋しい季節が来ても
ときめき　抱きしめていたい　in my dream

揺れる想い体じゅう感じて
このままずっとそばにいたい
青く澄んだあの空のような
君と歩き続けたい　in our dream

第四章

充実

昼夜逆転のアーティスト生活

『ミュージックステーション』で「負けないで」を歌って以降、テレビでのＺＡＲＤの露出はなくなり、そして坂井はまるで会社員のように、毎日自宅とスタジオを往復する音楽漬けの生活を送るようになる。

〝出勤時間〟は夕方５時過ぎだ。陽《ひ》が傾いてから自宅を出て、六本木のスタジオで歌い、終電近い時間に帰宅する。

「日焼けはしないように」

この長戸の指示に従っていたのだ。

「太陽に当たらないのは、肌のコンディションを維持するためです。紫外線を避けていれば、肌の美しさはかなり維持できますから。プロ意識の高い坂井はきちんと守ってくれました」（長戸）

坂井は午後に起床し、スタジオへ出勤して歌い、日付が変わるくらいに帰宅し、その日に録音した音源を聴いたり、歌詞を書いたりし、陽が昇るころに就寝する、昼夜逆転の生活を送っていたという。

「坂井さんから早朝に電話をもらうと、あわてて飛び起きて、平静を装って話をしました。坂井さんは夜を通して仕事をしているので、ハイテンションです。ＣＤのリリースの間隔が短い時期は、連日スタジオで歌い、週末にプロモーションの撮影をします。坂井さんのリズムを崩さないように、撮影も夜の時間帯に行いました。完成した映像は昼間のようでも、実は夜間に強い照明で撮影していたものが少なくありません」（小林）
スタッフは帰宅できないことがよくあった。
「六本木のスタジオの近くに、レコード会社が管理しているマンションがあって、そこによく泊まりました。朝は当時ロアビルの近くにあった簡易シャワーを利用して出勤したものです。社内の給湯室で髪を洗っている女性社員もいましたよ」（小林）
島田はスタジオで生活する毎日だったという。
「坂井さんは0時くらいまで歌って帰ります。僕はその後テイクを選んだり、片づけたり。そして、会社が管理するマンションに泊まります。自宅に帰れるのは週末だけ。スタジオに住んでいるような日々でしたね」（島田）
「僕もよく泊まりました。あのころはそれがふつうでしたけれど、今ふり返ると、よく体をこわさなかったなあ」（寺尾）

――スタッフへの贈りもの――

サウンド、ビジュアル、プロモーション……。チームZARDは役割分担が明確だった。それぞれがＺＡＲＤというプロジェクトを理解し、責任をまっとうした。

また、スケジュールが過密であるため、全員が集まって会議をすることはほとんどなかった。それぞれが長戸の指示を受け、それぞれが坂井とコミュニケーションをとり、成果を上げていく。

深い理解と信頼で作品をつくるチームＺＡＲＤの中心にはいつも坂井がいて、坂井のスタッフへの気遣いがチーム力をさらに強くした。

島田は誕生日のプレゼントに坂井からシルクのパジャマをもらったことがある。

そこには次のメッセージが添えられていた。

お誕生日 おめでとうございます♡
大した物ではありませんが、良かったら
使って下さい。実はちょっと サイズが（特におなかが…）
心配なのですが、もし小さかったら
奥様に貸してあげて下さいね（笑）

坂井泉水

別の年の誕生日にはケーキを用意してくれたこともあった。

Dear シマダさん♡
40歳 お誕生日
おめでとうございます
いつも長時間のレコーディングで
大変だと思いますが……
お互い体を壊さないように
より良い作品を作り続けたいですね
なぁ〜んて まじめな文章になっちゃいましたが、
ケーキ食べて下さいね♡

泉水

この2通のメッセージカードを今も島田は大切にしている。

「プレゼントされたパジャマは、もったいなくて、一度も着ていません。実は最近、大切にしまっていたのを妻が出して見せてくれました。今も坂井さんにいただいたままの状態でたたまれています。別の年の誕生日に、置時計をプレゼントしてくれたこともあります。こうした気遣いを、坂井さんはみんなにやっていたと思いますよ。僕が還暦を迎えたときに、かつてのアシスタントエンジニアたちがお祝いをしてくれましてね。そのときに、ZARDの仕事をやっていた時期のサブエンジニアがドン ペリニヨンを持ってきてくれました。彼が会社を辞めるときに坂井さんからもらったシャンパンだそうです。その元アシスタントは、もったいなくて、20年間開けずに大切に持っていました」(島田)

寺尾はスタジオで坂井から靴下をプレゼントされたことがある。

「外国の俳優の名前が刺繍された靴下でした。坂井さんは、その俳優のファンだったみたいです。やさしげな顔をしたその俳優が実はとてもストイックで、体を鍛え上げていることを僕に熱く語っていましたから。でも、なんで名前入りの靴下をくれたのかな? 僕も鍛えろというメッセージだったのかな? あの靴下はなかなかはけなくて、今も自宅のたんすにしまったままです」(寺尾)

――大ヒットしても電車通勤――

「負けないで」がヒットしても、「揺れる想い」がヒットしても、坂井は両親や弟妹とともに暮らす自宅から、毎日小田急線で1時間以上をかけてスタジオに通った。それでも、往復の道中でファンに声をかけられることはなかった。

「ビーイングに所属するアーティストは、そのほとんどが電車でスタジオに通っています。坂井さんも例外ではありませんでした。彼女には、いわゆる〝アーティストオーラ〟を消す才能

があって、混んだ電車に乗っていても気づかれなかったようです」（寺尾）

ＺＡＲＤの坂井泉水とは気づかれないものの、その容姿の美しさのため、スタジオへ向かう途中、六本木の路上で、モデル事務所やクラブにスカウトされ、その誘いを丁重に断ってスタジオにたどり着くことは度々あった。

「レコーディングが深夜におよんだときはタクシーを利用するか、スタッフが車で送っていました。１９９０年代後半からは自分で車を用意して、ドライバーを雇用していました。彼女は音を徹底的に追求するために、レコーディング時間がどうしても長くなったので。坂井さんが自分で運転できればよかったのかもしれませんが、ペーパードライバーでしたから」（寺尾）

１００万枚を超えるヒットを連発しても、坂井の生活が派手になることはなかった。ごくふつうの20代の女性の感覚を失わなかったからこそ、多くのリスナーが共感できる歌詞を書けたのかもしれない。

坂井がとる食事も、特別なものではなかったという。レコーディングは夕方にスタートすることがほとんどだったので、近くのイタリアンレストランでパスタとワインで少しの時間くつろいでからスタジオに入っていたこともあった。

「坂井さんが贅沢をしている気配は特になく、スタジオの出前でも、僕たちと同じようなメニューを選んでいました。ただし、シンガーとしては気遣っていたと思います」（寺尾）

レコーディング中は特に、時間、内容、量……、歌うために何がいいか、どのくらいのペースで食べるのがいいか、いろいろと試していた。

「デビュー当時に利用していたＳＴＵＤＩＯ ＢＩＲＤＭＡＮのころは、外苑東通りにある叙々苑の焼肉弁当を食べたりしていました。ごくたまに大阪でレコーディングしたときは、心斎橋の明治軒でオムライスを頼んだり。やがてＭＯＤ ＳＴＵＤＩＯ ＢＥＩＮＧでレコーディングするようになってからは、六本木の当時俳優座の近くにあったグッディというお店でＢＬＴサンドウィッチをよく食べていたと思います。１９９０年代の後半に行き着いたのが、ずんどう屋という中華料理店の五目チャーハンと餃子でした」（寺尾）

それらを歌の合間に少しずつ食べていた。

「冷めても気にしていませんでした。個人差はあるものの、シンガーは喉に少し油分を与えるといい状態で歌えます。チャーハンと餃子の油分は彼女の喉にちょうどよかったのでしょう。そしてスタジオでは、ウーロン茶は口にしませんでした。僕が想像するには、歌に必要な油分を喉から洗い流してしまう心配があったのかもしれません」（寺尾）

――「雨に濡れて」――

「揺れる想い」以降も、ＺＡＲＤの快進撃は続いた。

1993年「もう少し あと少し…」84・4万枚
「きっと忘れない」87・2万枚
1994年「この愛に泳ぎ疲れても／Boy」88・7万枚
「こんなにそばに居るのに」78・8万枚
「あなたを感じていたい」73・8万枚
1995年「Just believe in love」65・6万枚
「愛が見えない」72・0万枚
「サヨナラは今もこの胸に居ます」55・1万枚

どの曲もオリコンのチャート1位、2位になっている。この時期、3位以下は一曲もない。1994年、1995年は、ZARDのキャリアで音楽的にもっとも充実していた時期といっていいかもしれない。アルバムも1994年『OH MY LOVE』が200・2万枚でダブルミリオンのセールスを上げ、1995年の『forever you』は177・4万枚で、ダブルミリオンに近づいた。

それぞれのアルバムがヒットシングルを収録しているが、そのほかの曲も充実のラインナップだった。

1994年のアルバム『OH MY LOVE』には、坂井がロックバンド、WANDSのボーカリストだった上杉昇と歌詞を共作したZYYG, REV, ZARD & WANDSの楽曲のセルフカバーで、ファンの間で人気の高い「雨に濡れて」が収録されている。この曲はエンジニアの島田がもっとも気に入っている曲の一つだ。

「僕はかつてドラムをやっていまして、ドラマー目線で好きな曲が『雨に濡れて』です。打ち込みのドラムが多いZARDの楽曲の中で、この曲は青山純さんが叩いています」（島田）

ザ・スクエアやプリズムといった日本の人気フュージョンバンドで活躍した青山純は、1980年代から2000年代の日本のポップシーンを代表するドラマーの一人だった。

「青山さんは2013年に若くして亡くなられましたが、『雨に濡れて』のころは山下達郎さんのバンドで演奏していて、後にMISIAさんのバンドのドラマーになり、バンドマスターも務めていました。青山さんの演奏は、2拍目と4拍目のスネアドラムがほんの少し後ろに聴こえるんですよ。そのわずかなタイミングの違いによって、坂井さんの声と一緒に歌っているように聴こえる。歌詞に描かれている、雨のホームや、涙でにじむ歩道の風景がほんとうに見えるような曲です」（島田）

「来年の夏も」はリストの「ラ・カンパネラ」がヒント

「来年の夏も」も、坂井のアーティストとしての総合力が感じられる曲の一つだ。

この曲のレコーディングで、エンディング近くのピアノソロに、坂井はなかなかOKを出さなかった。

「リストの『ラ・カンパネラ』を参考にダビングできませんか。私の頭の中にリアルに音が鳴っているので。DIMENSIONのピアニスト、小野塚さんをブッキングしていただけないでしょうか」

坂井がリクエストした。

DIMENSIONは1992年に結成されたフュージョンバンドで、そのキーボードプレイヤーが小野塚晃。バンドと並行してTUBE、大黒摩季、T-BOLANなどのレコーディングに参加している。

特にTUBEとの関係は深く、『N・A・T・S・U』『湘南』『納涼』など代表作には演奏のほか、サウンドアドバイザーとして携わった。また、日本のジャズ界の巨匠、渡辺貞夫のツアーにピアニストとして参加し、スイスのモントルー・ジャズ・フェスティバルのステージにも上がっている。

「坂井さんはハードロックが好きでしたが、子どものころにピアノのレッスンを受けていたので、クラシックにも詳しかったんです。その意志を汲んで、小野塚さんに依頼しました」（渡部）

ピアノソロのレコーディングでは坂井の立会いのもと、小野塚が演奏を組み立てた。

「リストが愛用したピアノはオーストリアの名門ブランド、ベーゼンドルファー。その音色をイメージして難易度の高い『ラ・カンパネラ』のレコーディングをしました。坂井さんは満足のいくものができて、うれしそうでした。ライヴツアーのときも『来年の夏も』をどうしてもやりたいと言い、そのリクエストに応えようとピアノの大楠《おおくす》君が必死にコピーしてくれたことをとても喜んでいましたね」（渡部）

シュークリーム事件

ところで『OH MY LOVE』は、ディレクターの寺尾にとって、音楽とは違う意味で思い出深いアルバムだった。

「レコーディング中に、坂井さんが誕生日を迎えましてね。僕、ふだんは手ぶらでスタジオへ行くんですけれど、その日はシュークリームを買って行ってみんなで食べました」（寺尾）

寺尾にとっては、楽しい思い出の一つだった。

しかし後年、坂井にとっては微妙な体験だったことがわかる。

2003年の2月も、大阪のスタジオで坂井と一緒になった。寺尾は大阪オフィスに異動していたのだ。

「プロデューサーの長戸さんも大阪に移っていたので、坂井さんはときどき打ち合わせにやってきました」（寺尾）

「あっ、寺尾さん、どうぞお気遣いなく。誕生日のプレゼントはいりませんから」

会うなり、寺尾は坂井に言われた。

事情を聞くと、坂井はシュークリームが苦手だったのだ。寺尾にとっては楽しかった1994年のシュークリームの誕生会は、坂井にとっては苦い思い出になっていた。

「でも、坂井さん、あのとき、シュークリーム、食べたよね？」

「そりゃあ、あの状況では食べますよ」

坂井さんは笑顔で話した。

そのとき、新大阪に出かけていたスタッフがスタジオに戻ってきた。

「おいしいシュークリームを買ってきました！」

そう言ってスタッフは意気揚々とシュークリームをさし出した。しかし、その場がしんと静まる。

「あっ、ありがとうございます……。これ、大きいですね。皆さんの分もありますか？　半分っこしようかな」

坂井がその場を取り繕った。

「人数分買ってきたので、大丈夫です！」

そう言ってシュークリームを坂井に手渡すスタッフ。

「あ……、ありがとうございます」

そう言いながら、坂井は自分の分を完食した。

そのスタッフは後に坂井がシュークリームが苦手であること、寺尾がかつて同じ失敗をしたことを知らされ、坂井に謝った。

「おいしいものは大丈夫！」

と坂井は笑顔で言ったという。

スタッフにたった一度見せた涙

1995年のアルバム『forever you』のタイトルになったバラードナンバー、「Forever you」も多くのリスナーに支持されている。

「主人公の気持ちを切々と歌うソナタ形式の曲です。Aメロ→Aメロ→サビ→Aメロ→間奏→サビ→Aメロという構成が切なさを生みました。この30年くらい、日本のポップシーンのヒット曲の多くが、Aメロ→Bメロ→サビという構成です。でも『Forever you』は違った」（寺尾）

定型をいい意味で裏切った。

「新鮮でした。主人公が過去に思っていたこと、迷っていた体験は間違いじゃないという内容の歌詞も、歌い方も、演奏も全部が好きです。あのときに僕も感じた切なさは多くのリスナーに伝わっていたと思いますよ。坂井さんがこの世を去った後に行った追悼ライヴでは、客席がサイリウムの光で輝いていました」（寺尾）

この「Ｆｏｒｅｖｅｒ ｙｏｕ」が制作される少し前、実は坂井のＺＡＲＤ以前のキャリアについての中傷記事が書かれ、彼女はひどく傷ついていた。

「坂井さんはＺＡＲＤ以前の自分の仕事については、キャリアの一部だとそのまま受け入れていました。ただ、事実ではない記事がスポーツ紙に大きな見出しになったときは、涙をこらえきれなかったようです。私たちに泣き顔を見せたくなかったのでしょう、しばらく化粧室から出てきませんでした。それが、私がただ一度だけ見た、坂井さんの悲しみの涙です」（小林）

「坂井はね、記事の内容が事実であれば、グラビアの仕事のことを書かれても、過去のセクシーな水着の写真が掲載されても、堂々としていました。自分が納得して引き受けた仕事だからまったく気にしていないという態度です。そういう仕事を取ってきてくれたかつての事務所のスタッフに感謝していたほどです。ただね、僕たちはグラビアをやっていたことを興味本位で記事にされることは嫌でしたよ。だから、かつての自分を後悔していないなら、そういう歌詞を書いて歌ってくれ、と坂井に言いました。それでつくったのが『Ｆｏｒｅｖｅｒ ｙｏｕ』という曲です。歌詞には、若いころの自分を悔やんでいないこと、夢を探していたこと、手を差し伸べてくれた人への感謝がつづられています」（長戸）

アルバム『forever you』では、プロモーションでも新しい試みがあった。東京・渋谷のタワーレコードの大きな壁面をアルバムの告知に使ったのだ。タワーレコードの大広告は長く渋谷の風景の一つとなるが、その最初がZARDだった。

ずっと輸入盤を中心に売っていた大型CDショップのタワーレコードが日本のアーティストのCDも積極的に販売することになり、渋谷に大型店をオープン。そのタイミングでZARDの広告を展開したのだった。

またタワーレコード新店舗のオープンのTVスポットには『forever you』に収録されている「I'm in love」がタイアップソングとして選ばれオンエアされた。

有線試聴会に、坂井本人がサプライズで登場したこともあった。有線試聴会とは、日本全国の有線放送局でリクエストを受け付ける有線モニターの女性を集めての新曲の試聴会だ。

「ええー！」

東京の会場に突然現れた坂井の姿を見て、会場に集まったモニターの女性は驚きで目を丸くした。

「50人ほどのモニターを集めた会でした。モニターの皆さんに事前告知はせず、突然坂井さんが登場したので。会場は騒然となりました。すでにメディアにほとんど出ていない時期だった

ので、ものすごく驚かれていた」（小林）
有線試聴会では、坂井自身がアルバムについて話し、最後は本人が選んだ花を一人一人に手渡しして、握手をして、女性たちを見送った。
「そのときの、坂井さんは少し震えていました。そして、私の腕をつかんでずっと放しませんでした。ＺＡＲＤとしてあんなに多くの人と直接接することは初めてだったので、緊張していたのでしょう。それでも、同世代の女性モニターのかたがたの反応のよさをとても喜んで、実現はしませんでしたが、ほかの会場でもやりたいと言っていました」（小林）

ニースとロンドンがＺＡＲＤ初の海外ロケ

１９９５年にはＺＡＲＤ初の海外ロケも行っている。行き先はニースとロンドン。坂井が好きな土地が選ばれた。

このロケではフォトグラファーの森原裕二（以下・森原）が坂井のかたわらに付き添った。

「ニースとロンドンの海外撮影に同行させてもらったのですが、僕はまだ助手だったので、決め撮り以外の移動中とか、オフショットを撮る役目でした。カメラマンが撮ると坂井さんが意識してかたくなってしまうから、助手の僕がカメラを持たされているふりをしながら自然に歩いているところを撮っておいてくれと言われて。だから坂井さんの近くにいることが多かったのですが、ずっと撮られて疲れるだろうに、嫌な顔はいっさいしなかったですね。それに好奇心が旺盛で、機材のこととか、技術用語とか、僕らが話していることに興味を持っていろいろ質問されるんです」（森原）

海外ロケ中の坂井は日本にいるときよりもリラックスした表情を見せた。初めて見る景色、初めて会う人とのふれあいに好奇心を刺激されたようだ。その結果、実りあるロケになるように、頑張っていた。また日本とは異なり、食事や移動などスタッフといる時間が長いこともあり、素顔の自分を見せもした。

「ヨーロッパ撮影の夕食のときに、みんなで夜ご飯を食べていたんですけれど、坂井さんがすごく気を遣ってくれて、いろいろ頼んでくれるんですよ。そして僕らに、食べてね、って言ってくれるんです。でも、みんな遠慮してしまって。そうすると、その場では僕が一番若かったので、食べられるんじゃない？　ってことで、それから夕食は毎日、坂井さんが取ってくれたものを僕が食べさせてもらうことになりました。あと、ロンドンで、現地のカメラマンが寝転んでいる上を坂井さんがジャンプした瞬間を撮ろうという話になって。そのときに着地点で脚をひねったんですよ。それで汚い場所だったから僕が自分のハンカチを出して、ここに座ってください、って敷いたんですけれど、次の場所へ移動するために立ち上がった坂井さんがハンカチを僕に返そうとした瞬間、あっ！　と言って、自分の鼻をくしゅくしゅと拭いて、はい！って笑顔で渡されたんです。これにはびっくりしました。当時の僕にしてみたら、仕事を一緒にさせてもらう前から有名なかたで緊張していたんですけれど、気さくというか、お茶目さんというか、きっと僕のことをからかっていたんでしょうね」（森原）

ニースでは、坂井はジョギングも楽しんだ。

「初めての海外ロケだったニースに着いた翌朝、個人的に海岸で風景写真を撮っていたのですが、そのときに坂井さんから連絡があって。時差ボケで眠れないことと、部屋の窓から見える風景があまりにもきれいなので、ジョギングに行かないか？　という誘いでした。実はロケに出る何日か前、冗談半分に、ふだん不健康なんだから、海外に行ったときくらい朝は健康的にジョギングから始めないとダメだよ！　なんて話を坂井さんにしていたんです。そんなこともあって何分か後にロビーで集合したら、なんと坂井さんはジョギングパンツにジョギングシューズという完全武装。そこで、ずっと遠くに見える丘まで行こうということになりました。当然ジョギングですから、こっちはへとへと。なんといっても坂井さんは中学生時代に陸上短距離走の選手として活躍した経験を持っているのですから」（渡部）

ロンドンの夜は、撮影チーム全員でカラオケにも出かけた。坂井は自分を支えるスタッフに囲まれているときには心をほどいた。

「カラオケ店では坂井さんが仕切って、それぞれが歌う曲を決めていました」（鈴木）

小林へのリクエストは「揺れる想い」だった。

「えー、坂井さんの前で歌うんですか⁉」

とっさに断ったが、許してはくれない。

「覚悟を決めて、歌いました。お店にいた日本人旅行者のグループが坂井さんに気づいて、ZARDの曲を歌っていて、日本から遠く離れたヨーロッパで響く自分の歌に、坂井さんはうれしそうにしていました」（小林）

そこにいた誰にとっても、ロンドンロケは大切な思い出になっている。

―― 大黒摩季の耳もとで悪魔のささやき ――

大黒摩季にも坂井と過ごしたたくさんの時間があり、ずっと大切にしている。

「ねえ、摩季ちゃん？」

坂井がいたずらっぽい笑みで近づいてくると、大黒はどきどきした。

「泉水ちゃんは何かいけないことに私を巻きこもうとしているに違いない」

大黒の心の中で危険信号が点滅する。

「泉水ちゃん……、な……、なに？」

「私、ちょっと、行ってみたいレストランがあるんだけど」

坂井は微笑んだままだ。

「えっ……、泉水ちゃん、今行くの……？」

「うん。摩季ちゃんも一緒に、ね！」

二人は同じレコード会社、ビーイング所属で、坂井が2歳年上。いたずらっぽくかわいらしい誘いには逆らえなかった。

「私も？」

「ちょっとだけ、スタジオ、抜け出してさあ」

〝悪魔のささやき〟だ。

大黒はいつも車を運転してスタジオに来ていた。坂井はペーパードライバーで電車通勤。自分では運転しない。

「大ヒットしてからの泉水ちゃんは、厳しい管理体制下にありました。プライベートは皆無だったと思います。それで、スタジオ作業の隙を見つけて、小悪魔顔で私を誘ってきました。スタッフの目を盗んで、二人で食事に行ったり、カフェに行ったり。後で会社の人に怒鳴られるのは私です。割に合いません（笑）。それでも、泉水ちゃんの誘いは断れなかった。あのキュートでワルイ目（笑）。憎めませんでした。楽しかったなあー」（大黒）

1990年代半ばは、ZARD、そしてチームZARDにとって、もっとも濃密な時代だったのかもしれない。

Forever you

作詞：坂井泉水

若い頃は人一倍好奇心が強くて
いろんな周囲《まわり》の人や家族に迷惑ばかりかけてた
手さぐりで夢を探していた　あの日
自分が将来《あした》どんな風になるのかわからなくて　ただ
前に進むことばかり考えていた　Dear old days

もう泣かないで　やっと　夢が叶った
ずっと…forever you
そう　あせらずに　そう　急がずに　大人になりたい

たくさん失敗もしたけど　いつもそんな時
優しく親切だった人達の笑顔が浮かんだ　涙も忘れた
自分で選んだ道だから

もう迷わない　今が幸せだから
ずっと…forever you
そう　あせらずに　そう　急がずに　愛したいの

それは暖かいあなたに出逢うまでの試練
過去《むかし》に後悔なんてしてない
またとない　二度と来ない　私の青春だから

So stay with me my love forever

第五章

盛況

1996年には「揺れる想い」以来3年ぶりのミリオンシングルが出た。ZARD初のアニメソング、テレビ朝日系『SLAM DUNK』のエンディングテーマ「マイ フレンド」で100万枚のセールスをあげた。

この曲からスタートするアルバム『TODAY IS ANOTHER DAY』も165・5万枚のミリオンセラーになった。

そして、アルバムのタイトルナンバー「Today is another day」も読売テレビ・日本テレビ系アニメ『YAWARA!』のテレビスペシャル『YAWARA! ~ずっと君のことが~』のテーマ曲に採用されている。

この曲が映画『風と共に去りぬ』のラストシーンでのヴィヴィアン・リーの台詞〝After all, tomorrow is another day.（明日は明日の風が吹く）〟をヒントに歌詞が書かれたことは、第一章で長戸も語っている。ここに、キャリアを重ねた坂井の文学性が垣間見られる。『風と共に去りぬ』は、マーガレット・ミッチェルの大ベストセラーが映画化された作品だった。

歌詞については、ファンレターをモチーフに言葉を紡ぐこともあった。たとえば「見つめていたいね」だ。

スタジオでファンレターを読んでいた坂井は、その中の一通で、仙台に住むZARDファンの高校生がバイクで事故死したことを知った。

ファンレターの送り主は他界した生徒の担任の教師。教え子の死と正面から向き合ったクラスメイトや家族を案じる気持ちが切々とつづられていた。

「その高校生の愛称が〝3Gのキーパー〟でした。3Gとは、3年G組だそうです。それが『見つめていたいね』の歌詞になっています。ファンを大切にする坂井さんの姿はとても印象に残っています」（島田）

ZARDとして活動していてうれしいと感じることについて、坂井は次のように答えている。

「全国のファンから励ましのお手紙をいただくことですね。もしデビューしていなければ、これだけたくさんの人に私という存在を知っていただくこともなかったと思いますし。音楽という表現方法で言葉や想いを伝えられるのは幸せなことです」

音楽を通じて多くの人生とかかわれることに素直に感謝している。

『TODAY IS ANOTHER DAY』では、サウンド音響面で新しいチャレンジもあった。音のバランスや音色などの仕上げを行うミックスに、アンディ・ジョーンズを起用したのだ。

イギリス人の音楽プロデューサーでサウンドエンジニアのアンディは、ローリング・ストーンズ全盛期の『Sticky Fingers』『メインストリートのならず者』『山羊の頭のスープ』、レッド・ツェッペリンが世界の音楽シーンを驚愕させた『レッド・ツェッペリンⅡ』『レッド・ツェッペリンⅢ』『レッド・ツェッペリンⅣ』、ジョニ・ミッチェルの『SHADOWS

ＡＮＤ ＬＩＧＨＴ』など、世界的なアーティストたちのそれぞれ代表作で、時代が変わっても聴き継がれている名盤を手掛けてきた。

そのアンディは、坂井が作詞だけでなく作曲もした「眠り」とポカリスエットのＣＭソングでもある「心を開いて」のミックスを行った。

「『心を開いて』はコンピュータで打ち込んだデジタルのドラムなのに、ものすごく躍動感がある仕上がりになっています」（島田）

この曲からは、作詞家としての坂井の円熟も感じられる。

「ビルの隙間に二人で座って道行く人を眺める、というどこにでもある情景を坂井ならではのフレームで切り取って作品にしているところが僕は好きです」（長戸）

「ＺＡＲＤはサビのアタマの言葉がタイトルになるケースが多い。『負けないで』も『揺れる想い』も『きっと忘れない』も。でも、『心を開いて』のタイトルは、サビの最後の最後にようやく歌われる。僕は最初、この歌は主人公が恋人に、心を開いて、と言っているのだと思いましたが、違った。素敵な男性と出会って、閉ざしていた自分の心が開いてほしい、と歌っていると気づいて、胸が震えましたね」（寺尾）

「心を開いて」のＣＤシングルにもちょっとしたハプニングがあった。タイトル部分、青い半透明のシールの中に気泡が入ったＣＤジャケットが数万枚見つかったのだ。そのまま売るわけにはいかないという判断から、スタッフがＣＤショップにおもむき、店頭でシールの貼り替えを行った。

CDジャケットも含めて、完成したものをきちんと届けたいという思いを感じさせるエピソードだ。

――逗子にあるZARDの聖地――

「『TODAY IS ANOTHER DAY』にも収録されたシングル『サヨナラは今もこの胸に居ます』は、栗林誠一郎さんの書いたメロディに、坂井の言葉がものの見事にはまっています。すでにあった曲に坂井が歌詞をつけたわけですが、まるで、この歌詞のために書かれたメロディで、このメロディのために書かれた歌詞だと思えるほどです」（長戸）

長戸も称賛するこの曲のCDジャケット写真やプロモーション・ビデオの撮影は、神奈川県の逗子で行われた。

「当時、逗子海岸の南側、国道134号線沿いの小さな岬の上に、2階建てロンドンバスを改造した黄色いホットドッグ屋さんがありました。サブマリンドッグという有名な店です。ファンの皆さんはご存知だと思います」（伊藤）

この曲のシングルCDは当初1995年8月21日にリリースされるはずだった。しかし、1週間延期され8月28日になった。その理由には、ビジュアルチームの強いこだわりがあった。

製品として一度完成したものの、CDジャケットの裏の写真が納得のいくものではなかったのだ。そこで写真をさしかえることになり、初回出荷を含む50万枚の再印刷に1週間かかったのだ。

サブマリンドッグはしばらくZARDファンの聖地のようになっていたが、2006年に閉店し、今は空き地になっている。

「愛が見えない」の撮影も逗子。こちらは、逗子海岸の南にある小さな岬で海に面したレストラン、ラ・マーレ・ド・チャヤで行われた。

「あのときはウエイトレスさんが緊張してカフェオレをこぼしたんですよ」（伊藤）

坂井の白い衣装がコーヒー色に染まった。

「ウエイトレスさんはまさかZARDの坂井さんがいるとは思わなかったらしく、突然気づいて、手が震えてしまったようです」（鈴木）

「今日の撮影は中止かな……」

伊藤はあきらめかけた。

しかし、坂井は何事もなかったようにふるまった。

「平気、平気。すぐに着替えてくるから、続けましょう」

ウエイトレスを気遣い、そのまま撮影を継続した。

「カフェオレがかかる一瞬前の映像はどこかにまだあるはずです。その後は、僕も動揺してカメラを置いてしまったので。音声しか残っていませんけれど」（伊藤）

別の日には、三浦半島を逗子、葉山よりもさらに南下した秋谷でも撮影を行い、その映像は1999年リリースのシングルナンバー「ＭＩＮＤ ＧＡＭＥＳ」のプロモーション・ビデオに使われている。

「曇天で空がのっぺりした雲に覆われていたので背景はあきらめて、ビーチで風と戯れる坂井さんをありのまま撮影しました。ロケバスを停めた駐車場の隣には、ＤＯＮというイタリアンレストランがあり、みんなで海を眺めながらランチをとったことを覚えています」（伊藤）

心をオープンにして臨んだニューヨークロケ

『ＴＯＤＡＹ ＩＳ ＡＮＯＴＨＥＲ ＤＡＹ』の後、1997年4月にはＺＡＲＤ初のベストセレクションアルバム『ＺＡＲＤ ＢＬＥＮＤ ～ＳＵＮ ＆ ＳＴＯＮＥ～』をリリース。「揺れる想い」「心を開いて」のほかに、この時点での最新シングル「Ｄｏｎ't ｙｏｕ ｓｅｅ！」「君に逢いたくなったら…」も収録した。

「Ｄｏｎ't ｙｏｕ ｓｅｅ！」のプロモーション・ビデオとＣＤジャケットの写真は、ニューヨークのマンハッタンで撮影された。

このときは、それまでのＺＡＲＤのイメージと違うテイストにチャレンジしている。

「ニューヨークロケのときに撮影で冒険してみようということで、現地のヘアメイクを頼んで自由にやってもらったんです。ニューヨークのヘアメイクともなると、メイクを作品だと思っている人が多い。坂井さんを担当した人もそんなヘアメイクで、出来上がったメイクはおおよそZARDの坂井泉水には見えませんでした。いわゆるそのころのニューヨークの流行のメイクになりました。目の周りを真っ黒に塗って、くちびるも真っ赤で、髪の毛もぜんぶアップにしたパンキッシュなメイクもやりましたね。モデルや芸能人であればOKなのでしょうが、坂井泉水というアーティストプロデュース的な見地に立てば、とてもあり得ないようなメイクでした。しかし坂井さんもここは挑戦ということで、そのシーンはけっこうノリノリで撮影していましたよ。結果、当然ながら、その映像は日の目を見ませんでしたが」（高野）

ニューヨークの撮影はスーツ姿の映像のみが「Don't you see!」の当時のプロモーション・ビデオに使われたものの、もっともチャレンジングな映像やスチールはその後しばらく公開されなかった。

CDジャケットの写真はマンハッタンのミッドタウン、42丁目のタイムズ・スクエアで撮影している。最初は人混みの中、さまざまなシチュエーションでシャッターを切った。

坂井も撮影チームも徐々にテンションが上がっていく。

「信号機にぶら下がってしまおう」

タイムズ・スクエア近くの交差点でフォトグラファーが提案した。しかし、マンハッタンのド真ん中。世界一の人混みだ。「恥ずかしい」と言う坂井。しかし、次の瞬間、スタッフは自分たちの目を疑った。すでに坂井は信号機にぶら下がっていた。

すぐにシャッターを切るフォトグラファー。そのときのカットが「Don't you see!」のCDジャケットになった。

その後も坂井のテンションは下がることなく、高さ1メートルほどの青いゴミ箱の上にも立つ。気持ちがオープンになる海外ロケならではの撮影となった。

「撮影現場での坂井さんのテンションが高く、頑張ってくれるので、いつも湿布とレディース用の栄養ドリンク、ユンケル黄帝Lを用意していました」(小林)

ニューヨークのロケは真夏だった。冬の寒いイメージの強いニューヨークだが、夏の暑さもすさまじく、摂氏40度を超えることもふつう。しかも摩天楼とコンクリートの地面に包まれる状態なので、照り返しも強い。日焼け対策も考えに考え抜いた。このときは大きな傘を用意した。

「現地のスーパーで傘を買って、四方に日本から持っていった布をカーテンのように垂らして、坂井さんを紫外線から守りました。撮影をしたら、すぐに傘の中に避難してもらい、スタッフの準備ができたらまた撮影をする。そのくり返しです。この日焼け対策用傘はかなり目立って、マンハッタンのオフィス街の撮影では道行く人たちにじろじろ見られました」(小林)

永遠のスタンダードに、との思いを込めた曲「永遠」

1996年のアルバム『TODAY IS ANOTHER DAY』から3年間、ZARDは着々とシングルヒットを生んでいく。そして1999年にシングル曲を8曲も収めた『永遠』をリリース。このアルバムは114・9万枚のミリオンセラーとなった。

「自分たちの音楽が永遠にスタンダードになれば、との思いを込めた」坂井の願いがタイトルになったのだ。

その一曲目が「永遠」。渡辺淳一のベストセラー小説を日本テレビ系でドラマ化した1997年放映の『失楽園』の主題歌になった。このタイアップを依頼されて引き受けた坂井とチームZARDは、かねてから気に入っていた徳永暁人《あきひと》作曲のバラード「Fallin, of the Rain」が、ドラマの世界観にぴったりだと考えた。

しかし、ハードルがあった。「Fallin, of the Rain」はすでにキヤノンのCMに使われていたのだ。

「そうかんたんにことが運ぶわけがありませんでした。しかし、最終的にはクライアントであったキヤノンさんのところへうかがって、ことの次第を説明させていただき、われわれのクリエイティヴ的わがままを聞いてもらったのです」（渡部）

その結果、ベーシックアレンジは徳永暁人が行い、ストリングスアレンジは池田大介が手掛けた。ストリングスとコーラスダビングはニューヨーク在住のプロデューサー、梅野貴典がディレクションを担当。梅野はビーイング草創期にマニピュレーター（コンピュータの打ち込みをはじめとするデジタル音を担当するスタッフ）として活躍し、その後アメリカに渡って音楽プロデューサーとして成功を収めていた。

「永遠」には当時としてはとても高度なレコーディング技術が使われている。ストリングスとコーラスダビングはニューヨーク在住の一流のミュージシャンによるもの。その音源を梅野がMP3を使い添付ファイルで日本に送り、それを日本で編集している。1990年代半ばにはインターネットのブロードバンドはなく、電話線につなげるモデムを使ってのやり取りだった。

そんな努力が実り、「永遠」は坂井やチームZARDの想像を超える仕上がりになった。

「インターネットで音源が届いたときは鳥肌が立った」

坂井はCDのライナーノーツにそう書いている。

音の仕上がりに触発されて坂井は歌詞を書き直し〝永遠〟という曲名をつけて、アルバムタイトルにもしたのだ。

「永遠」のプロモーション・ビデオでは、青空の下、どこまでも続く砂漠を真っ赤なパンツスーツの坂井が青いアメリカ車を走らせる。ロケはロサンゼルスから300キロほど離れた郊外、エルミラージュ砂漠《ドライレイク》で空撮を交えて撮影された。

「あのロサンゼルスのロケは、とても不安でした」

そうふり返るのは小林だ。

「というのも、坂井さんはペーパードライバーだったからです。日本ではまったくハンドルを握っていませんでした。しかも、マニュアルミッションで大型のアメ車。危険なことが起きたら自分の体で止める覚悟をしました」（小林）

しかし、最初は戸惑っていたものの、心配するスタッフたちをよそに坂井はスムーズに乗りこなし、しかも撮影後も楽しそうに車を乗りまわしていたそうだ。

やがて、好奇心にあらがいきれなかったのだろう。坂井はそれが何だかわからないまま運転席の下のレバーを引いた。

「あのレバーは何ですか？　引いてみたのだけど、わかりませんでした」

坂井がそうスタッフに伝えたのは撮影後のこと。実は、それはボンネットのオープンレバーだった。そのため、「永遠」のプロモーション・ビデオを注意深く見ると2カット、車のボンネットが開いているシーンがあることに気づく。

この映像は2004年に行われたZARDのファーストツアー「What a beautiful moment Tour」のオープニングにも使われた。坂井にとってそれほど思い入れの強い作品であったのだろう。

26回ミックスした曲。18回アレンジした曲

フジテレビ系アニメ『中華一番！』のオープニングテーマでシングルにもなっている「息もできない」では計26回、ミックスを行っている。ＺＡＲＤの楽曲の中で最多の回数だ。シングル用のミックスのスタートは１９９７年12月10日。まず一回のミックスで「ボーカル基本」「ボーカルやや大」「ボーカル大」「ボーカルやや小」「ボーカル小」をつくった。やがてより細かく「ボーカルほんの少し大」「ボーカルほんの少し小」も追加され、それぞれ複数つくられた。

そして、サックスソロをカットしたバージョンやＡメロのコーラスをカットしたバージョンもつくり、数が増えていく。最後の26回目のミックスが行われたのは翌１９９８年２月11日。一曲のミックスに２か月をかけている。

さらに、アルバム『永遠』収録前にミックスが52テイクつくられ、最終的にはシングル用のミックスをアルバムにも収録した。ＺＡＲＤの曲は磨きに磨かれて、ＣＤショップに並んでいたのだ。

読売テレビ・日本テレビ系アニメ『名探偵コナン』のオープニングテーマになったシングル曲「運命のルーレット廻して」は、ＺＡＲＤの楽曲の中でもっとも多くのアレンジを行っている。

「子どものころから好きなことに没頭すると、時間を忘れて、ただひたすらそればかりで、ほかには目もくれないところがありまして（笑）」

坂井はそう語っている。それはそのままZARDの制作現場での坂井の姿だった。

「私もスタッフも妥協しないので、この曲は今までで一番アレンジテイクが多いんです。たぶん、スタッフみんな、ミキサーのMacの中のデータを見ないとテイク違いがわからないんじゃないでしょうか。試せる、できる限りのことはやってもらって、ふつうのアーティストがアルバムを一枚つくるのと同じくらいの手間がかかっていると思います。皆さんに感謝しています」

そんな言葉を「運命のルーレット廻して」の完成後に、坂井は残している。

この曲はまず古井弘人《ひろひと》によるアレンジがあり、池田大介によるテンポやサイズの違うアレンジがあり、そこからまたテンポ違い、サイズ違い、間奏のアレンジ変更、サビだけのテンポ変更、音色のさしかえ、サビの小節カット、イントロをスパニッシュテイストに変更……などが行われた。最後の最後に、坂井からのリクエストでドラムの音色のさしかえがあり、18タイプの「運命のルーレット廻して」ができた。

当初1998年9月9日にリリースする予定でCDショップに発売日を告知していたが、納得のいく音にたどり着くため、結果的に8日延期して、9月17日にリリースされた。そのためジャケットの初版には発売日が当初の予定のまま印刷されている。

こうした音へのこだわりのエピソードが示すように、坂井は抜群に耳がよかった。ほんのわずかな音色の違いにも気づいた。

アルバム『永遠』のタイトル曲の「永遠」のアレンジでも、徳永がほんのわずかループを長くしたら、それにも坂井は気づいていた。

「坂井さんと長戸さんの音へのこだわりは大変なものでした。音が一度完成してCDが店頭に並んだ後に、さらにミックスし直したこともあります」（市川）

ファンレターがリスナーとの唯一の接点

1990年代、坂井はひたすら作品の制作に集中していた。それは同時に、アーティストとしての孤独が色濃くなっていった時期だといえるかもしれない。
「特に1990年代後半以降はテレビにも出ないし、ラジオにも出ないし、取材も受けていないので、夕方からスタジオへ通う毎日です。打ち上げやタレントが集まるようなパーティーにも行かないので、ミュージシャンや芸能人の友だちもいなかったはずです」（長戸）
プライベートの友だちとも疎遠になっていた。
「デビューして間もないころは、高校時代や短大時代の集まりに参加していましたよ。でも、やがて友だちとの食事にも行かなくなりました」（長戸）

坂井には昔の仲間と会うことに消極的になるきっかけがあった。

その出来事は、学生時代に親しかったグループで食事を楽しんだ後に起きた。

「これ、お願いできないかな」

自分がZARDであることも忘れて食事や会話を楽しんだ帰りがけ、友人の一人に渡された大量の色紙に快く応じ、何枚も何枚もサインを書き、食事の時間の楽しさが薄れていった。それを機に昔の友だちと距離を置くようになっていく。

「坂井に限らず、有名になった人はみんな孤独です。昔の仲間と昔と同じように付き合うのは、かんたんなことではありません。気を遣いますよ。それならば無理して会わずに、作品づくりに集中したほうがいいと、坂井は考えたのかもしれませんね」（長戸）

そんな最小限の人との接触しかない環境で作品の制作に集中していたからこそ、坂井はファンから送られてくる手紙をとても楽しみにしていた。リスナーとの貴重な接点が、レコード会社に届く手紙だったのだ。

「ファンレターが届くと、すぐに坂井さんがレコーディングをしているスタジオへ届けに行っていました。当時はファンクラブも発足前でしたし、唯一のファンとの接点、ファンとの絆がファンレターだったんです。渡したときはとてもうれしそうで、私自身も坂井さんの喜んでいる顔が見たくて、レコーディングが終わるまで待っていたりしました。ファンレターをほんとうに大事にしていて、妹さんがリストにしているとも言っていました。おそらくこっそり返事を書いていたときもあると思います。後に詞になった手紙もあったし、たぶんファンレターからもたくさんの詞が生まれていたんでしょうね。制作に専念するという活動をされていたので、坂井さんの場合は、一生懸命つくった作品の反応が見えづらかったと思います。そんな中で唯一のつながりがファンレターで、大切にしていましたね」（小林）

手作業でスタートしたファンクラブ

ＺＡＲＤのファンクラブは、レコード会社がファンへ送っていた往復はがきでの音楽情報提供を発端に始まった。その活動は１９９８年に情報誌『ＺＡＲＤ ＩＮＦＯＲＭＡＴＩＯＮ』になった。

創刊２号では、情報紙のタイトルを募集、投票が行われている。そして、４号で〝ＷＥ〟と〝ＺＡＲＤ〟を合わせた『ＷＥＺＡＲＤ』に決まった。

「ＺＡＲＤを応援する皆もＺＡＲＤ」

そんな思いが込められている。

タイトルロゴもファンから募集。ファンによってつくられるファンクラブに育っていく。情報誌『ＷＥＺＡＲＤ』は23号まで続き、１９９９年にＺＡＲＤオフィシャルファンクラブ「ＷＥＺＡＲＤ」が発足した。

「ZARDの情報誌をつくろうということになった当時、すでにZARDはミリオンセラーアーティストでしたが、ZARD・坂井泉水というアーティストの名前や会社の力を借りずに、一人の発信から多くの人たちにつながっていくこと、それが温かいコミュニケーションの場になることを理想として、自分たちですべて手作業をすることから始めました」

WEZARDの工程管理を担当した松田千秋（以下・松田）がふり返る。

「まずは本屋に行って、ペンフレンド募集のコーナーにZARDが好きだという人を見つけたら、その人に手紙を送って友だちになり、私設ファンクラブの告知をしていく……というような、今考えると、いきなり知らない人から、交流しよう！というものが送られてくるわけですから、気味が悪かったかもしれませんね。でも、内容が大事で、それがよいものならば、まず一人が気に入ってくれる。その一人が誰かに話して、一人が二人になる。それが二人が四人になる……。今では古いのかもしれませんが、当時はアナログな手づくり感で温かさが伝わったり、心に届いたりすると信じて進むだけでした」（松田）

まさしく草の根運動のようなファンクラブだ。

「だから最初は往復はがきでやり取りをしていました。返信はがきを手差しでコピーして、ちょっとした情報を送るんです。回数を重ねるうちに、手書きで作成したもののコピーを送れるようになり、そのうちに印刷にまわせるようになりました。その後小冊子になり、ページ数が増え、オールカラーになった。そして、坂井さんからコメントをいただけるようになって、一段と内容が濃くなる……と、ちょっとずつですが進歩していって、ZARDを思うファンの人

たちの熱く温かい輪が広がり、今のファンクラブにつながっていると思います」（松田）

オフィシャルファンクラブ、WEZARDは大阪が本拠。そのため、事務所と東京で暮らしている坂井とのやり取りは主にファックスで行われた。

「ファックスでのインタビューの回答は、ほとんどが直筆の文字でした。新曲について、オフの過ごし方など、一つの質問に対して、何度も書き直していることがファックスから伝わってきました」

ファンクラブを担当していた沢下友香（以下・沢下）ははっきりと記憶している。

「一度書かれた回答に言葉を足されたり、二重線で消して表現を変えたり、何度も何度も推敲《すいこう》を重ねていることがわかり、坂井さんがいかに言葉を大切にしているかを感じました」（沢下）

送信されてくるファックスにはいつも「至急！」と書かれていた。

「至急、の文字を見ると、制作本番のスイッチが入って集中力が高まりました」（沢下）

原稿の一部が後送の場合は、その旨が几帳面に書かれていた。

「今日は○枚お送りします。残りは○日にお送りします」

遅れる具体的な理由とともに記されていた。ファンクラブの現場のスタッフがスケジュールを調整できるようにという心遣いだ。

「みんなＺＡＲＤ Ｆａｍｉｌｙ♡」

ファンクラブの全員に向けてそう書かれていたのが沢下には印象的だった。

慣れないサイン

メディアでの露出が極端に少ない坂井なので、ときどき接触があると、「愛が見えない」の逗子での撮影のときのようにファンの側にとまどいが生じる。そして、坂井の側にとまどいが生じるケースもあった。

「ZARDの坂井さんですよね？　サインをいただけませんか」

シドニーのロケで、日本人旅行者のカップルが坂井にサインを求めた。海外ロケでは、周囲の目を気にすることなく、街中で堂々と撮影を行っていたのだ。

しかし、日本でサインを求められたことが少ない坂井は、とまどった。

「サインを求められたんだけど、どうすればいい？」

プロモーション映像担当の高野のところに駆け寄る。

「してさしあげればいいじゃないですか」

高野が答えると、坂井はカップルのところへ戻り、ハンカチか何かにサインをした。

「ふつうの有名人にとって、サインを求められるのは当たり前の出来事です。でも、坂井さんにとっては貴重な体験でした。サインをするときはとてもうれしそうだったのが微笑ましく見えました」（高野）

周囲を気にして緊張してしまう性格の坂井は、なかなか自然体で人と接することができない。

でも、気持ちがほどけると、素直さが表情やしぐさに表れた。

このような、ふつうの人らしいマインドも、歌詞を書くときに生かされていたのかもしれない。

―― 豪華客船で行った観客６００人の初ライヴ ――

１９９９年8月31日、ＺＡＲＤは初めてのライヴ「ＺＡＲＤ　１９９９　Ｃｒｕｉｓｉｎｇ　＆　Ｌｉｖｅ」を行った。会場は通常のホールではなく日本最大級の大型客船、客室12階、海の上のラグジュアリーホテルといえる、ぱしふぃっくびいなす号。観客は１２０万通の応募から選ばれた６００人のファン。

坂井とスタッフは前日の深夜に乗船し、夜を徹してステージや客席の設営やサウンドチェックを入念に行った。

坂井の衣装は黒のパンツスーツ。シンプルなスタイルでステージに上がった。バンドメンバーは、大賀《おおが》好修《よしのぶ》（ギター）、岡本仁志（ギター）、大野愛果《あいか》（キーボード）、麻井寛史《ひろし》（ベース）など。そして、ライヴアレンジャーとして、この年にＧＡＲＮＥＴ　ＣＲＯＷを結成したキーボードプレイヤーでアレンジャーの古井弘人も参加した。

初ライヴで、しかもステージと客席の距離がホールよりも近い。坂井の緊張ははかり知れなかったが、計14曲を堂々と歌い上げた。

「撮影は若手チームで仕切らせてもらいました。客船内のライヴを撮るのは初めて。僕たちも緊張していたし、坂井さんも緊張していました」（森原）

その緊張が映像を通してリアルに伝わった。

「初めてファンの前で歌う緊張感がすごかったから、よりいっそう〝アーティスト・坂井泉水〟という感じがすごく伝わってきました。かつて、ロンドンのロケでご一緒した坂井さんとは別人のようでした」（森原）

初ライヴなので、念には念を入れて、数曲スケッチブックに歌詞を書いて、客席から見せようという意見が出た。そして実際に準備をしたものの、スタッフの陰で見えなかったり、タイミングが合わなかったり。

通常はライヴを行わない会場でもあったため、ほかにもうまくいかない部分があり、アンコール前のステージ裏では、プロデューサーがスタッフに苦言を呈する場面もあったが、その混乱を坂井がひと言で収めた。

「（私は）大丈夫！」

バックヤードは一気に冷静さを取り戻した。

「久しぶりに自分の中に体育会系のノリがふつふつとわいてきまして……。その日にいたるまで、ひたすらジョギングをしたり、大学のころにはまっていたユーロビート系の洋楽をかけて家の中でダンスをしてみたり……（笑）」

ライヴ後に坂井はそう語っている。

この船上ライヴの音源は、２０００年に『ＺＡＲＤ Ｃｒｕｉｓｉｎｇ ＆ Ｌｉｖｅ～限定盤ライヴＣＤ～』として、30万枚限定でリリースされた。


――忍び寄る病魔――


初ライヴも成功を収め、順調に音楽制作を続けているように見えた坂井。しかし、アルバム『永遠』のころから、ボーカリストとしての壁を感じ始めていた。

１９９０年代後半は、安室奈美恵、宇多田ヒカル、浜崎あゆみ、モーニング娘。、ＳＰＥＥＤなどのアップテンポのナンバーがヒットチャートをにぎわせた。それらはＺＡＲＤのナンバーとは対極のテイストだった。

「ＺＡＲＤのボーカリストとしての坂井の魅力は、８ビートのロックで発揮されました。そして、16ビートには苦労していました。ラップにもチャレンジしたけれど、率直に言うと、下手でした。ところが、１９９０年代後半くらいから日本の音楽シーンでは16ビートが受けるようになりました」（長戸）

坂井は苦しんだ。
「それが、2000年から彼女が1年半ほどの休養期に入った理由の一つです。1997年の『My Baby Grand ～ぬくもりが欲しくて～』には当時の心情がつづられています。〝記憶喪失に いっそなればいいと 立ち直るまで ずい分 長い時間がかかった〟の行は彼女の本音だったと思います」（長戸）
アルバム『永遠』にも収録されているシングル「My Baby Grand ～ぬくもりが欲しくて～」の〝ベイビー・グランド〟は、スタジオの歌入れのブースにいつも置かれていたトイピアノのニックネーム。坂井はこれで音程やメロディを確認していた。いつもながらのZARDのラヴソングのようでもあるが、トイピアノに語りかけるように、自分の苦しみも吐露していたのだ。
「坂井はずっと体調がよくありませんでした。婦人科系の問題を抱えていたのです。子宮筋腫、卵巣嚢腫、子宮内膜症……です。それらが、徐々に悪化していたことも、彼女自身を苦しめてもいました。彼女は、病院が好きじゃなかったんですよ。かつて、ちょっとした虫歯の治療に1年半も通わされたことがありました。その歯科医は、予約時間に知り合いを呼んでは、有名人でメディアの露出が少ない坂井に会わせていたそうです。それが目的で、長期の治療をさせられました。その体験があったので、婦人科へ行くことも嫌がっていたんです」（長戸）
ZARDは2000年11月に33枚目のシングル「promised you」をリリース、2001年2月に「負けないで」や「揺れる想い」のリミックスバージョンも収録したアルバム

『時間《とき》の翼』をリリースした後、2002年5月まで1年半の休養期に入る。

そのとき、坂井本人は次のように語っていた。

「1990年代は短い期間でいい楽曲をどんどんリリースするハイペースな活動をしてきましたが、今後はゆっくり時間をかけて、より納得した作品をリリースしていこうと思っています。今という時代に流されて出していくのではなく、楽曲にこだわってつくろうということをスタッフと話していました。今はそういうペースで、創作活動にじっくり時間をかけて作品に向かっています」

自分の体調にはいっさい触れていない。坂井はZARDとしてのリリースはないものの、体を休めながら次作への準備を進めることになる。

永遠

作詞：坂井泉水

朱《あか》い果実を見たら　私のことを思い出してください
あなたの決心が固まったら・・・
きらきらとガラスの粉《かけら》になって
このまま 消えてしまいましょう　誰も知らない楽園《くに》へ

今の二人の間に　永遠は見えるのかな
すべてを 手に入れることが 愛ならば
もう失うものなんて　何も怖くない

口のきき方も知らない　生意気な女性《やつ》だと思った？
偶然　街で見かけたけど　声をかけようかどうか迷った
守るべきものは　何なのか　この頃　それが分からなくなる・・・

「君と僕との間に　永遠は見えるのかな」
どこまでも続く坂道
あの日から淋しかった　想像以上に・・・　Just fallin' of the Rain

君と僕との間に　永遠は見えるのかな
この門をくぐり抜けると
安らかなその腕にたどりつける　　また夢を見る日まで

第六章

ライヴツアー

2004年1月、ZARDは3年ぶりのアルバム『止まっていた時計が今動き出した』をリリースする。アルバムタイトル曲はテレビ朝日系のドラマ『異議あり!女弁護士大岡法江』のテーマ曲。まさしく復活を強く印象づけるタイトルだ。

そしてこの年、ZARDがデビュー14年目にして初めてのライヴツアー「What a beautiful moment Tour」をスタートさせる。

当初は東京と大阪、2都市3公演の予定だった。しかし、全国のプロモーターからオファーがあり、次々と公演が増え、全国8都市11公演を行うツアーになる。

オープニングは3月2日の大阪のフェスティバルホール。ファイナルは7月23日の東京の日本武道館。5か月をかけて行われた。

「坂井は婦人科系の病気を抱えていたので、体調の周期を考慮すると、1か月に何本もコンサートはできません。コンサートが不慣れということもあり、1か月に1日か2日でも、よく頑張ってくれたと思います」(長戸)

実は、このツアーは2002年11月にはすでにリハーサルがスタートしていた。曲目もまだ決まっていなかったが、暫定的に約半年、1週間に一度のペースで練習を行った。

そして2003年9月に練習を再開。12月にはざっくりとしたセットリストができたので、年明けから本格的なリハーサルが行われた。この時点でのリハーサルのメンバーは「ZARD 1999 Cruising & Live」のときの、大賀、岡本、古井、麻井に加え、デイヴィッド〝C〟ブラウン（ドラム）、綿貫正顕《まさあき》（ギター）、岩井勇一郎（アコースティックギター）、大楠雄蔵《ゆうぞう》（キーボード）、岡崎雪（コーラス）の9人。曲が決まると、必要な音も明確になってくる。CDの音源の再現を目指し試行錯誤を重ねるうちに、バンドメンバーはどんどん増員。総勢17人になった。

この間、坂井がリハーサルスタジオに入ったのはわずか2回。それぞれ5曲だけ歌っている。坂井の体調はすでにいい状態ではなかったが、そのことを坂井はバンドメンバーやスタッフに話していない。

大阪のライヴハウスでプレセッション

ツアーがスタートする前月、大阪のホールで、ステージのセッティングチェックと照明の確認を行っている。バンドメンバーは参加せず、それぞれの立ち位置にマネキンが置かれた。坂井は参加し、自分のイメージをスタッフに伝え、話し合った。

そのときに明確化したことは2点。まず、ホールツアーだけれど、ディナーショーのようなラグジュアリー感あるステージにすること。そして、ステージに楽器をたくさん置くこと。坂井が派手に動きまわらなくても絶えずステージに変化が感じられるようにするためだ。

　奈良のホールで一度、ステージに本番と同じセットを組んでのゲネプロも行っている。このときも坂井は全曲は歌っていない。ツアー前に喉を酷使することは避け、ステージ上でイメージした。

　ただし、２００３年3月に一度、坂井は大阪のライヴハウスにゲスト出演をして歌っている。ライヴハウス、ｈｉｌｌｓパン工場で行われた「ＴＨＵＲＳＤＡＹ ＬＩＶＥ」のＲ&Ｂ ＮＩＧＨＴで、ブロンディの「ＣＡＬＬ ＭＥ」とボーイズ・タウン・ギャングのバージョンで知られる「ＣＡＮ'Ｔ ＴＡＫＥ ＭＹ ＥＹＥＳ ＯＦＦ ＯＦ ＹＯＵ（君の瞳に恋してる）」を歌った。

「実は、このライヴのときのほうが、ライヴハウスで2曲という気軽な内容にしては、ちゃんとリハーサルを行ったように記憶しています。ライヴハウスは身近な距離でやるので、立ち方、ＭＣについてもいろいろと確認をしました。結果として、このライヴ出演は、２００４年のライヴツアーに向けてのプレセッションみたいな位置づけになったと思います」（寺尾）

　ライヴのメインアクターは滴草《しずくさ》由実。ちょうどこの時期に大阪にレコーディングに来ている坂井が飛び入りしたハプニングということだったが、実際には翌年のツアーを想定して綿密かつ極秘に計画されたものだったのだ。

　この夜、坂井は「ＣＡＬＬ ＭＥ」はレゲエのアレンジで、「ＣＡＮ'Ｔ ＴＡＫＥ ＭＹ ＥＹＥＳ ＯＦＦ ＯＦ ＹＯＵ（君の瞳に恋してる）」はボーイズ・タウン・ギャングのバージョンで歌っている。バンドメンバーは山口〝PON〟昌人（ドラム）、大橋雅人（ベース）、岩井勇一郎（ギター）、大楠雄蔵（キーボード）の4人。前日のリハーサルまで坂井のゲスト出演はバンドメンバーにも知らされず、単にセットリストに2曲追加としか聞かされていなかったので、メンバーの驚きはかなりのものだった。

ｈｉｌｌｓパン工場に登場した坂井は、会場の客席から堂々と現れ、2曲歌って堂々と去っていった。ステージでの度胸をしっかりと証明している。

――大阪でのハプニング――

ZARDのライヴツアー「What a beautiful moment Tour」初日は2004年3月2日、大阪のフェスティバルホール。その後建て替えが行われたが当時の旧フェスティバルホールの客席数は2700。大阪でもっとも音のいい会場といわれ、ミュージシャンの間で人気の高いホールだった。

コンサートのオープニングはオーケストラバージョンの「永遠」。ステージの背景の映像にはZARDのシングルナンバーのヒストリーが映し出された。

そして、バンドが登場。「揺れる想い」のイントロを演奏し、会場は一気に盛り上がる。坂井はイントロ演奏中にステージに登場し、ワンコーラス目から歌う演出だった。

ところが、4月30日に行われた公演でハプニングが起こった。一曲目が始まっても、主役の坂井がステージに現れないのだ。バンドはとまどいながらも、平静を装って「揺れる想い」を演奏し続ける。

そのころ、ステージ袖では、スタッフが肝を冷やしていた。少し前、いよいよオープニング映像が始まるというタイミングで、坂井が「トイレに行ってもいいですか?」と言った。その時点では、急げば間に合う。スタッフはOKを出した。しかし、なかなか戻らない。そうしているうちに「永遠」のオーケストラバージョンが始まった。まだ戻らない。いよいよバンドが「揺れる想い」を演奏し始めた。まだ戻らない。オープニングを仕切り直すか——。

スタッフの焦りがピークに達したそのとき、坂井が現れた。すでにマイクを握っている。そして、何ごともなかったかのように、ツーコーラス目からステージに行き、「揺れる想い」を歌い始めた。

「今思うと、ツアーのころの坂井は体調がかなり悪かったのでしょう。衣装をふつうに身につけると体に負担がかかるので、体を締めつけないように少しサイズの大きいものにするか、ベルト部を緩められるように工夫をしていました」(長戸)

「揺れる想い」の後、坂井は照れるようにMCをはさんだ。

「私はおっちょこちょいで、前に大阪に来るときに、間違えて京都で降りたことがあります。

そのときは、スタッフが迎えに来てくれる約束でしたが、誰もいないので、なぜ？　と思ったのですが、よく見たら京都でした」

オープニングのハプニングも、このＭＣによってファンからは親しみを持たれる結果になった。

その後は豊かな声量でＺＡＲＤのナンバーを歌い続け、客席を圧倒していく。

──苦しみながらも歌い抜いた11公演──

ほかの会場でも、いくつかのハプニングが起きている。微笑ましい出来事も、不安を残す出来事もあった。

パシフィコ横浜 国立大ホールは、この会場だけステージへの出入りが上手《かみて》からだった。

「今日は上手に戻ってきてくださいね！」

ツアーを通して坂井の身の周りのことを担当していた野口麻由（以下・野口）が開演前に坂井に念を押した。

「でも、ステージで歌ってテンションが上がれば忘れるだろうとは思っていました」（野口）

案の定、歌い終わった坂井は下手《しもて》に引き上げた。

坂井の背中は「なぜ誰もいないの?」と問うていた。

「私は上手側の袖からステージをはさんで、下手で立ち尽くす坂井さんを見ているしかありませんでした(笑)」(野口)

青森から鉄道で移動した仙台公演の前夜には、坂井は体調を崩した。その苦しみから眠りにつくことができず「明日はライヴができないかも……」と弱気になる坂井を、スタッフは介抱し励まし続けた。

仙台公演当日、会場の仙台サンプラザホールに坂井が入ったのは開演時間1時間半前。リハーサルはまったくできず、開演も遅れた。それでもライヴが始まると、体調のトラブルを感じさせず、最後まで歌い抜く。客席とのコミュニケーションを楽しんでいるように見えた。

福岡公演のアンコールでは、坂井の目に涙が溢れた。

福岡は10公演目。この時点で、東京のファイナル、日本武道館を残すのみ。感極まったのだろう。

初めての全国ツアー、体調も芳しくない中、あと一公演というところまでたどり着けたこと、スタッフの強い結束と協力、そして目の前の観客の熱狂が坂井を感傷的にさせた。

「大変後悔しています……。たぶん……、緊張の糸が切れたのでしょう」

涙について、坂井は後に語っている。

そして「一生忘れられない、覚えておきたいと思う日は?」という質問には、こう答えている。

「どんな日も覚えておきたいです。皆さんと分かち合った空間も」
そう言って、ライヴツアーのことをあげた。

――楽屋は憩いの場――

ツアー中の楽屋では、坂井はフジコ・ヘミングのCDを聴いて、くつろいでいた。そしていつも、バナナ、ミルク、水、チョコレートが用意されていた。特にバナナは必須。歌う前は満腹にするわけにはいかない。それを考えると、バナナは効率よくカロリーを摂取できる食べ物だった。

一度だけ微熱があり、油分のあるものを喉に通したいと言ってハンバーグをリクエストしたほかに、坂井は何も求めなかった。

「終演後楽屋に戻ると、ほっとした様子でした。でも、楽屋にゲストが挨拶にきて話しているうちに閉館時間が訪れます。私は楽屋の片づけをしなくてはなりません。すると、坂井さんは必ず手伝ってくれました。テレビを一緒に運んでくれたり、ごみまで集めてくれたり」（野口）

坂井の気遣いに、野口はいつも恐縮するばかりだった。

「ゆっくり休んで、コーヒーでも飲んでいてください」

そう言うと坂井は、

「じゃあ、一緒に片づけて、一緒にお茶しよう」

と、手を休めない。

「楽屋に置いてある坂井さんのためのお菓子も、毎回私に持たせてくれました。私のバッグは坂井さんからいただいたお菓子でいつもぱんぱんに膨らんでいたほどです。どんなに疲れていても、常に周囲に気を遣う人でした」(野口)

――「夏を待つセイル(帆)のように」のヒントは「森のくまさん」――

体調がすぐれない状況でも、坂井はライヴツアーを最後までやり遂げ、CD制作もこつこつ行っていく。2005年9月には11枚目のオリジナルアルバム『君とのDistance』をリリースした。
「大きなキャリーバッグを両手で2つ転がしてきたこともあります。服が入っているのかと思ったら、2つとも歌詞のメモが書かれたノートやレポート用紙がぎっしり詰まっていました。会議室にこもって、歌詞についての意見交換をずっとやっていました」(寺尾)
このアルバムには読売テレビ・日本テレビ系アニメ『名探偵コナン』のテーマ曲「星のかが

やきよ」、劇場版『名探偵コナン 水平線上の陰謀《ストラテジー》』のテーマ曲「夏を待つセイル(帆)のように」が収録された。

劇場版は当初別の曲が有力候補だった。

「でも、その曲は坂井さんも含め長戸プロデューサーも僕もなんとなくイメージが違うと感じていました。そんなとき、坂井さんが『夏を待つヤイル(帆)のように』のメロディを推したのです」(寺尾)

坂井は、はっきりと主張した。

「この曲はたぶん子どもが聴いたら楽しいと思う」

坂井はそう言うと、曲に合わせて左右にゆっくりと体を揺らした。

「この曲、『森のくまさん』みたいなアレンジにできませんか?」

坂井が言う「森のくまさん」とは、子どもは一度は歌ったことがある童謡。

坂井の意見を取り入れたスタッフはディスカッションを重ね、レゲエのテイストのアレンジにする。

「ただ、それまでZARDはずっと大人の世界を歌ってきたので、少し不安もありました。シングルで、レゲエテイストで、子どもが楽しめる曲というのは大丈夫なのかな、と。それでも坂井さんのチャレンジ精神にけん引されて、みんなで試行錯誤を重ねたのが、あの『夏を待つセイル(帆)のように』です。坂井さんの中にZARDという核がしっかりあるので、冒険しても最後には新鮮でありつつZARDらしい曲になりました」(寺尾)

「星のかがやきよ」と「夏を待つセイル(帆)のように」を両A面で収録したシングルは好評で、オリコンで2位を記録した。

しかし、こうしているうちにも、坂井の体を病魔が侵していた。スタジオで体調を崩すこともあった。

「どの曲のレコーディングだったか……、記憶があいまいですが、でも、ZARDの後期のこと、常に全力で歌う坂井さんが過呼吸で倒れたことがありました。救急車を呼んで、広尾の日赤医療センターまで僕が付き添いました」(島田)

救急車の中では、救急隊員に坂井についてさまざま確認された。

「名前、年齢、血液型……など。そのときに、自分でも驚いたのですが、僕は彼女のことを何も知りませんでした。本名すら言えなかった」(島田)

もう何年も一緒にレコーディングをしてきたにもかかわらず、島田は坂井泉水というアーティスト名しか答えられなかった。

「坂井さんについて、僕は何も知らずに仕事をしていたんだ、と複雑な気持ちになったことを覚えています。そして同時に、彼女がスタジオでは〝ZARD・坂井泉水〟であり続けたことを実感しました」(島田)

レコーディング・エンジニアの島田はスタジオで坂井といつも一緒だった。ZARDが坂井のセルフ・プロデュースになり、スタッフの数が減っても、島田だけはスタジオでZARDの音楽を支えた。坂井自身が「人生でもっとも長く時間をともにした男性は島田さん」と言っていたほどだ。

だからこそ、仕事でいいパートナーシップを維持するためにも、島田は坂井のプライベートには立ち入らなかった。しかし、10年以上の間、本名も知らずにいたことに、坂井が救急車で運ばれる事態になって初めて気づいたのだ。

夏を待つセイル(帆)のように

作詞：坂井泉水

ほら　今日も風が走る
光が波をつき抜け
その手グッと伸ばしたら
空に届く気がした

自分の知らない君を
見て一瞬怖くなる
こんなにも　君が好きで
言葉がもどかしい

夏を待つセイルのように
君のことを…ずーっと…
ずっとずっと思っているよ
太陽の彼方　いっぱい
失敗ばかりしたけど…
反発しあったり、でも今は
ひとつに向かっているよ
そこには夢があるから

「ゴメンネ」の言葉ばかり
云うのはイヤだから
君には「ありがとう」の言葉を
もっともっとたくさん　いいたいよ

わかりあえてた君とも
いつか温度差があったね
それでも　苦しいのは
一瞬《いっとき》だけだもんね

夏を待つセイルのように
君のことを…ずーっとずっと
ずっと抱きしめていたい
ただ　自分の気持ちに
真正直でいたいけど
それで人を傷つけることもあるね
ひとつに向かっているよ
そこには君がいるから

夏を待つセイルのように
君のことを　ずーっと…
ずっとずっと思っているよ
太陽の彼方いっぱい
失敗ばかりしたけど
反発しあったり…でも今は
ひとつに向かっているよ
そこには夢があるから

夏を待つセイルのように
君のことを　ずーっと…
ずっとずっと抱きしめていたい

ただ　自分の気持ちに
真正直でいたいけど
それで人を傷つけることもあるね
ひとつに向かっているよ

そこには　君がいるから

第七章

別れ

最後のシングル、最後の撮影

坂井が自分の異変に気づいたのは、2006年4月。シングル「ハートに火をつけて」のプロモーション・ビデオを撮影した日の深夜だった。

「ハートに火をつけて」の映像の撮影は、タイアップのドラマに合わせたウエディングソングだったこともあり、結婚式場で行われた。

モード系の白いドレスを衣装に、との坂井からの希望とウエディングソングということから、用意されたのは数着のスタイリッシュなデザインのウエディングドレス。スタッフはロケハンを重ね、撮影場所は恵比寿のロビンズクラブに決まった。当時はチャペルやレストランを併設していた結婚式場だ。

「坂井さんからの希望がスタッフに伝えられるのは珍しいことでした。みんな張り切って、朝7時から夜の11時近くまで、たっぷりと撮影をしました」（伊藤）

この日の坂井は一日元気にふるまっていた。

「坂井さんのコンディションの変化には、僕を含めて、スタッフは誰も気づいていなかったはずです。今記憶を手繰り寄せても、元気な姿しか思い出せませんから。彼女はけっして自分の弱いところを見せない女性でした。撮影の合間の坂井さんはキャストとして参加していた子どもたちと戯れていました。子ども用カードゲームのムシキングの話で盛り上がっていた。彼女はいつも甥御さんと遊んでいたそうで、子どもに人気のゲームやアニメに詳しくて。あの撮影が、僕が見た最後の坂井さんです」（伊藤）

まさかその夜に入院するとは、スタッフはもちろん、本人も予期していなかったかもしれない。

そして「ハートに火をつけて」が坂井の生前最後にリリースされたシングルになるとは、このときは誰も思わなかっただろう。

検査の結果は子宮頸がん。すぐに東京・新宿区の慶應義塾大学病院へ入院した。

―― 手術、そして自宅療養 ――

子宮頸がんは、女性の子宮の入り口の子宮頸部に発生する悪性腫瘍。婦人科の診察で観察や検査がしやすく、発見されやすい。そして、早期に発見すれば比較的治療成績のいいがんだ。ただし進行すると、ほかの部位のがんと同じように治療は難しい。

手術は6月1日。9時間に及んだ。

坂井の病気、そして3か月間の入院生活はごく一部のスタッフだけに知らされた。

「何度かお見舞いに行きましたが、坂井さんはいつも仕事のことばかり話しました」

そう鈴木が語るように、術後の経過は良好だった。

「一度ぜんぶ忘れて、ちゃんと体を休めたほうがいいですよ」

鈴木が坂井の体調を案じても、次作の話や撮影のアイディアについて話し続けたという。

「とにかく音楽に対するモチベーションが高かった。そればかりが印象に残っています」（鈴木）

入院生活の後半には近くの明治神宮外苑にある聖徳記念絵画館へリハビリをかねて出かけた。7月には退院。坂井は自宅での療養生活に移った。その報告を受け、制作チームも、撮影チームも、いつ音楽制作を再開してもいいように、準備を始めている。

入院生活を経て、自宅で10年以上ぶりに規則正しい生活を送るようになる。太陽が昇ると目覚め、夜に就寝した。

昼間は母親と一緒に買い物に出かけたり、食事に出かけたり。それまで持てなかった家族との時間を過ごすようになる。

「これがふつうの人の生活なんだね。これがふつうの人のやることなんだね」

よく家族に話したという。

すでに嫁いでいた妹の家にも遊びに行った。甥のことがかわいくてしかたがなかったのだ。学校の宿題を手伝い、スイミングスクールにも率先して迎えに行った。

そして、家族との時間を楽しみながらも、復帰してレコーディングを再開したいという気持ちはまったく衰えてはいなかった。

「腹筋を鍛えたい」

そう言っては、家族とカラオケへ出かけて、思い切り歌った。母親には演歌をリクエストし、自分はZARDの曲も披露する。家族が拍手をすると、素直に喜んだ。

「私はプロだもん」

そう言い、家族に歌の指導もした。

自分の持つすべてを声にした「グロリアス マインド」

坂井はZARDとして忙しい時期も、週末など時間を見つけては、ドライフラワーや着付けや日本舞踊を習っている。そして、自宅では部屋にこもって油絵も描いていた。
「いろいろな習い事をしていましたが、教えることも上手で、バイオリンを習っている甥の発表会の前にはいつもレッスンをしてあげていました。すると甥はみるみる上達して、課題曲が弾けるようになってしまいます。先生から、家でどんな練習をしているのか、聞かれたこともあるそうです。学校の勉強もよく教えていました」(家族)
「ハートに火をつけて」の発売をひかえた2006年4月、坂井は苦しい体を引きずってスタジオにレコーディングに訪れている。

曲は「グロリアス マインド」。タイアップの話があったため、病を押してでも、サビだけは録音する必要があったのだ。

母親に付き添われてスタジオに現れた坂井は一人で立つことも苦しい状態。

レコーディングできる体調ではない――。島田は思った。しかし、坂井はボーカル録音のブースに入り、いつもどおり、外から見えないようにカーテンを引いた。

ところが、次の瞬間、島田は自分の耳を疑った。スピーカーから響いた坂井の声には、大ヒットを連発していた時期を超えるほどの力があったのだ。

島田は心が震え、鳥肌が立った。

「自分のすべてを声にしたという歌でした」

2テイクほど録音すると、坂井は母親とともにスタジオを後にした。その間わずか30分弱。一人残された島田はスタジオの中でしばらく動けずにいた。

「お母さん、私、どうだった？」

スタジオからの帰路、坂井は母親に訊ねた。

「大丈夫だったよ。具合が悪いようにはまったく聴こえなかった」

母親は素直な感想を述べたという。

「私もやるときはやるのよ。やればできるのよ」

坂井は笑顔を見せた。

元気な日とそうでない日。坂井の体調には波があった。

「ときどき上司からZARDのロケを組む話が来て、その都度準備をしては、坂井さんの体調がよくならずにキャンセルする。そんなことをくり返しました」（伊藤）

2007年に入り、撮影がかなり現実的になったこともある。

「水族館で撮影をしたい」

3月、坂井のリクエストがスタッフに伝えられ、伊藤たち映像チームと、スチールのチームはさっそくロケハンを行った。

「しながわ水族館で、いよいよ撮影だ！　という雰囲気になったけれど、直前に中止の連絡が来た。坂井さんの体調がよくないということでした」（伊藤）

水族館のロケまで1週間に迫った3月29日、坂井からがんの肺への転移が見つかったと連絡が入ったのだ。

ただし、肺にできた腫瘍は小さく、命を奪うほどの状況ではない、ということだった。2週間入院して抗がん剤治療を行い、2週間自宅療養し、また2週間入院する……。そんな生活だった。

見舞いに訪れるスタッフには、坂井は健気《けなげ》にふるまっている。

「秋には必ず元気になるから、ライヴをやりたい」

いつもこれからのことを前向きに話した。

島田も電話で坂井と話している。

「気を遣わせちゃうから、お見舞いには行かないよ」

入院中にこう伝えたのが島田と坂井の最後の会話になった。

この時期、プロデューサーや身近なスタッフは坂井を電話で励まし続けた。

「電話ではいつもどおりに話しました。退院したらライヴをやろう、と。彼女は新曲の歌詞を書いている、と言っていました。今ふり返ると、僕が知る坂井は、どの時期もまじめで、ストイックでした。プライベートでは、絵を描いたり、ゴルフをやったり、愛犬と戯れたり、ジュエリーを自作したり、楽しんではいたようです。でも、僕が直接接していた坂井は、いつも、自分の作品をつくり上げるために貪欲に突き進んでいく女性でした。それは最後まで変わらなかった」（長戸）

しかし坂井は、同じくがんの闘病経験を持つ鈴木に、弱い自分も見せている。

「私、怖いんです」

鈴木との電話で、坂井は打ち明けた。

現場ではいつもスタッフのことを気にかけている姉御肌の坂井とは思えないひと言に、鈴木は言葉を返せなかった。携帯電話を握り、ただただ坂井の話にうなずき続けた。

「その3年前、僕に胃がんが見つかったときは坂井さんが気遣ってくれました。怖い、とおっしゃったその気持ちがよくわかるというか、治療していく中で不安や恐怖に襲われることはどうしてもあって、そのときは何も言葉をかけることができませんでした」（鈴木）

プロデューサーの長戸は坂井を励まそうと、新たな仕事のオファーについても電話で告げた。

「韓国の俳優、パク・シニャンからデュエットのリクエストが来ていることを伝えました。退院したらレコーディングの準備をしようと話し、彼女は喜んでいた」（長戸）

しかし、長戸との会話からほんの数日後、２００７年5月27日、坂井泉水は帰らぬ人となる。朝の散歩中、病院のスロープから転落して後頭部を痛打。脳挫傷で昏睡状態となった。

――家族に見守られて――

東京にいる鈴木や島田ら一部のスタッフは、坂井の危篤の連絡を受けて病院に駆け付けた。そのときの坂井のてのひらの温かさを鈴木は今も忘れられない。

「ベッドで眠る坂井さんの手を握ると、まだ温かくて、でもすでに意識はなく……」

鈴木の脳裏に坂井との数々の思い出がよみがえり、涙が溢れた。

「ぬぐってもぬぐっても涙が流れた。人間ってこんなにたくさんの涙が出てくるんだと。自分の悲しみの大きさに自分が驚きました」（鈴木）

「そこにいる人間が順番に坂井さんの手を握りました。延命治療はしない、ということをご家族からうかがいました。がんになったときからの坂井さん本人の意思だそうです」(島田)

それから間もなく、家族に見守られて、坂井泉水は息を引き取った。

4万人のファンが集まったお別れの会

葬儀は数日後、坂井の自宅近くの斎場で、家族とごく限られた関係者のみで行われた。スタッフでは、島田、寺尾、鈴木も参列した。

伊藤は会社の指示で、喪服を着てカメラを持ち参列している。

「平常心ではいられず、でも役割なので、カメラはまわしました。ただだらだらと。自分でも何を撮っているかわからずに。つらかったほかには、あのときの自分のことはほとんど覚えていません。撮影した葬儀の映像は、後日チェックしました。どこを撮っているのかわからないような画でした。アマチュア以下の映像です。この仕事に就いてから、あんな経験はほかにはありません」(伊藤)

坂井の逝去から1か月後の6月27日、東京・青山斎場で、音楽葬「ZARD/坂井泉水さんを偲《しの》ぶ会」が行われた。

坂井の遺影は約20万本の花で飾られた。

会場の入口は、青と白のデルフィニウムやあじさいで空や海を表現。回廊を進むと、祭壇に出合う。そこには、赤と白のカーネーションやガーベラで「ZARD」の文字がつくられ、坂井が毎日通ったレコーディングスタジオが再現された。愛用の真空管マイク「AKG THE TUBE」、ヘッドフォン「ST-31」、トイピアノの〝ベイビー・グランド〟、譜面台に「負けないで」の直筆歌詞、スタジオで愛用していたマグカップも並べられた。

5月28日から一か月間、東京と大阪に設けられた献花台でファンがつづったノート150冊分のメッセージも置かれていた。

この日の東京は6月にもかかわらず、32・8度の真夏日。それでも、全国から約4万100人のファンが集まり、坂井が愛した花、カラーを一本ずつ献花して別れを惜しんだ。

坂井がこの世を去り、小林には悔やんでも悔やみきれない出来事がある。

「2006年のことです。会社のエントランスをぼうっと歩いていたら、前から来た女性とぶつかりそうになりました」

小林はあわてて謝った。

「すみません!」

顔を上げたら、目の前に坂井がいた。

「お疲れ様です!」

大声で挨拶をして、そそくさとその場を去った。

「ZARDの担当から異動になり、年月は経っていましたけれど、坂井さんは私にとって永遠にリスペクトの対象です。驚いて、申し訳なくて、何も話せなかった。それが最後になりました」

「どうしてあのとき、もっときちんと話をしなかったのだろう」

「どうしてあのとき、すぐにその場を去ってしまったのだろう」

小林は、今も悔やみ続けている。

坂井の死はあまりにも突然で、自ら死を選んだのではないか、という噂《うわさ》も流れた。

「早朝に散歩をしていたというと不思議だと思われるでしょう。でも、そういう時間にずっと活動してきたかたでした。朝早くにたくさんの音楽活動のことを考えていた人なんです。だから、その時間に動いていることは不思議ではありません。人間には、習慣ってありますよね。入院生活中でも、坂井さんにとっては自然なことだったと思います。手すりに座ったりするような人ではないというオフィシャルなイメージがありますが、実際には少しやんちゃなこともする人だったから――。ファンからもスタッフからも家族からも見守られて、すごく大事にされていた人なのに、ちょっとの隙でこんな事故が起きてしまったのは、ほんとうに残念でなりません」（小林）

「僕は転落したという現場を見ています。自死に選ぶような場所ではありません。それほど高さもないですし。地面も芝生でした。不運だったのは、彼女が転落した場所だけが、わずか30

センチ四方くらいの金属製の排水溝の蓋だったことです。硬い場所で頭を打ってしまいました。数日前に電話で話したときにレコーディングを楽しみにしていたあの様子からも、やはり転落事故だったとしか思えません。残念です」（長戸）

負けないで

作詞：坂井泉水

ふとした瞬間に　視線がぶつかる
幸運《しあわせ》のときめき　覚えているでしょ
パステルカラーの季節に恋した
あの日のように　輝いてる　あなたでいてね

負けないで　もう少し
最後まで　走り抜けて
どんなに　離れてても
心は　そばにいるわ
追いかけて　遥かな夢を

何が起きたって　ヘッチャラな顔して
どうにかなるサと　おどけてみせるの
“今宵は私《わたくし》と一緒に踊りましょ”
今も　そんなあなたが好きよ　忘れないで

負けないで　ほらそこに
ゴールは近づいてる
どんなに　離れてても
心は　そばにいるわ
感じてね　見つめる瞳

負けないで　もう少し
最後まで　走り抜けて
どんなに　離れてても
心は　そばにいるわ
追いかけて　遥かな夢を

負けないで　ほらそこに
ゴールは近づいてる
どんなに　離れてても
心は　そばにいるわ
感じてね　見つめる瞳

エピローグ

時代は平成から令和に変わった。〝平成に生きる昭和の女〟坂井泉水が今生きていたら、どんなアーティストになっていたのだろう――。

ボーカリストとしての坂井の魅力について、大黒はこう語っている。

「泉水ちゃんの素晴らしさはいろいろありますけれど、やはりナチュラルに言葉を伝えられる力でしょう。ボーカリストというのは、キャリアを重ね、レベルアップすると、もっと上手く歌いたいと思ってしまいます。すると、知らず知らずのうちに、言葉や想いを伝えることが後まわしになってしまう」(大黒)

しかし、坂井はそうではなかった。

「ボーカリストにとって何が大切かを常に意識して、大切にして歌っていました。だからこそ、泉水ちゃんの歌は、年月を経てもファンの皆さんの心に寄り添い続けているのだと思います。その姿勢は時を経ても変わっていなかったんじゃないかな」(大黒)

坂井が音楽と向き合う姿勢は、デビューから16年間、最後までまったく変わらなかった。もし今生きていても同じだったのかもしれない。

「スタジオから外へ出た素顔の泉水ちゃんは柔軟性のある女性です。でも、自分の音楽には硬派でした。常に理想を追い求め、絶対に妥協しない。周囲がなんと言おうと、その指摘で核がぶれることはない。クリエイティヴなことにいっさい手を抜かない、芯の強さを感じていました」(大黒)

アーティストとしてのアプローチで、キャリアの後半の坂井は、メッセージ性のある歌を手掛けたいと話していた。

「ZARDはドラマやアニメやCMのタイアップに恵まれていました。シングルのほとんどにクライアントがいました。すると、強いメッセージは入れづらい。広く聴いてもらうために、クライアントへの忖度《そんたく》とでもいいましょうか、歌詞の主人公も、男か女かわかりづらい作品にせざるを得ません。坂井は律儀ですから、きちんと配慮していました。でも、そこから少し離れた、何かをうったえる歌詞も書いてみたかったのかもしれませんね」(長戸)

野口は坂井が自分のマインドやスタンスについて語った言葉を今も忘れない。

「私はZARDだけれど、ZARDじゃない。ZARDは自分もいるけれど、プロデューサー、ディレクター、スタッフがいて、出来上がっているプロジェクトみたいなものだから、自分だけのものではない。ZARDというプロジェクトの中で、私が歌っている。坂井泉水としてやっている」

坂井は常に自分を俯瞰《ふかん》していたのだ。

キャリアの後期の坂井は、NHKのドキュメンタリー番組『プロジェクトX～挑戦者たち～』に強い関心を持っていた。

「プロジェクトXのテーマ曲のような音楽をやりたい」

そんなメールを寺尾に送ってきたことがある。

「愛を軸にしながらも、深いメッセージ性のある音楽を手掛けたいという主旨の長いメールをもらいました。作品自体はZARDの持ち味であるシンプルで伝わりやすい言葉とメロディで、でも、2行か3行、メッセージを入れたかったのでしょう。そのメールをもらった後は会う度に、プロジ

ェクトXを観たか、と聞かれました」（寺尾）

ヴィジョンを持ち、プランを温め、坂井は志半ばでこの世を去った。

「強がって、弱い自分をめったに見せない女性でしたけれど、実際には寂しかったと思いますよ」（長戸）

ＺＡＲＤとしてのキャリアの最後のころ、坂井は長戸に聞いた。

「私の写真、いっぱい残ってるよね？」

「全部きちんと保管しているよ。映像は５０００時間もある」

ＣＤジャケットにもアーティスト写真にもプロモーション・ビデオにもなっていない、美しい坂井のフィルムがまだたくさんあることを長戸が伝えると、彼女は安堵の表情を見せたという。

坂井がこの世を去った後、あるじを失った部屋からは、言葉を走り書きしたメモがいくつも見つかった。

病に侵されながらも、坂井はなお、新しい作品を書き続けていたのだ。

坂井は最後まで明日を見続けていた。

彼女がＺＡＲＤとしてつづった詞、そしてプロデューサーの長戸が本人に伝えたとおり、ＺＡＲＤとして生きた坂井の写真はたくさん残されている。

微笑んでいたり、はにかんでいたり。

美しいまま。少しも色あせることなく。

どの写真も、映像も、繊細であり、それでも、瞳は常に未来への希望を見ていた。

街には今もＺＡＲＤの曲が流れている。時代が変わっても、あのころと変わることなく、流れ続けている。

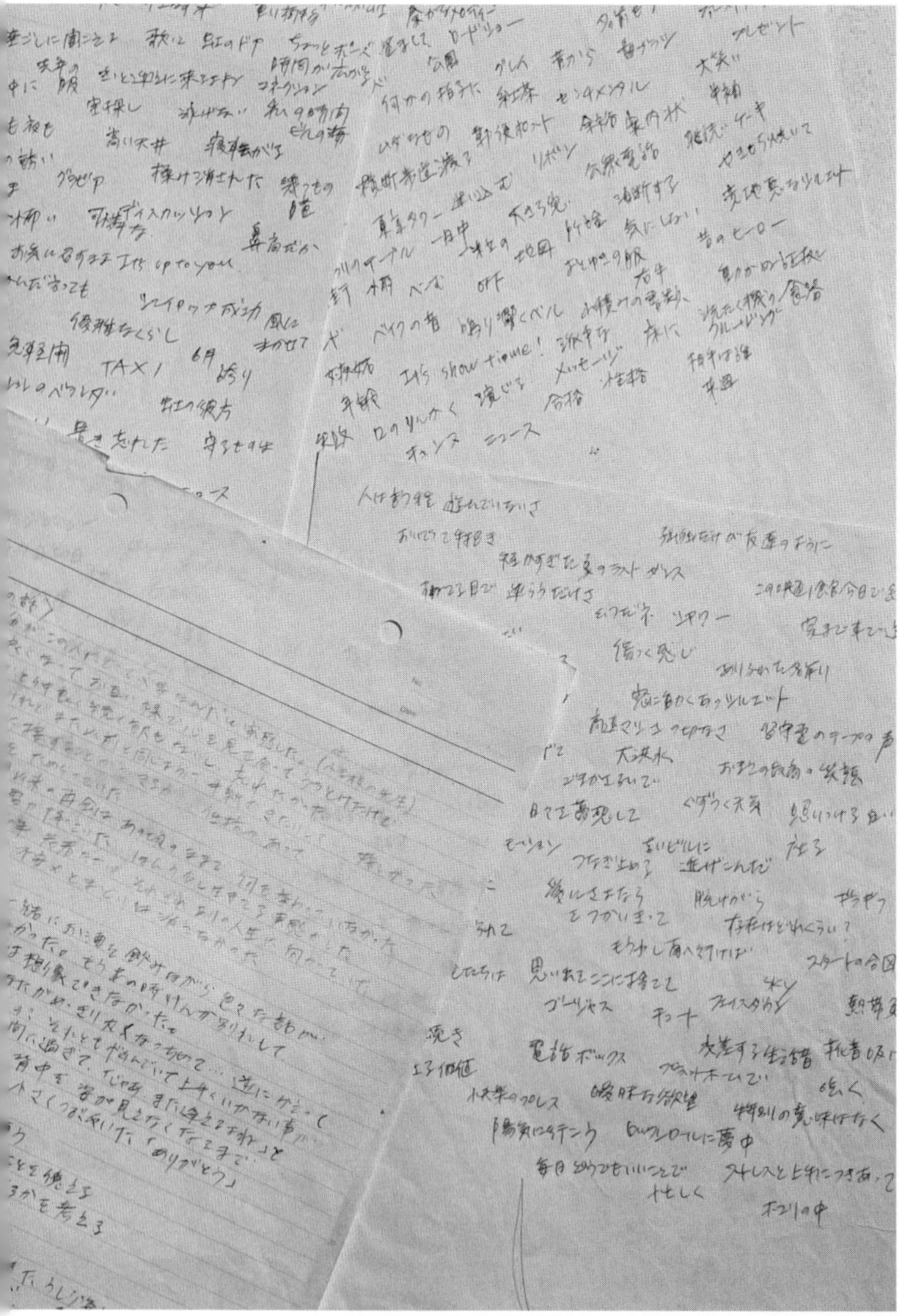

坂井泉水逝去後、彼女の部屋で見つかったものと事務所に保管されていた、500枚を超える直筆メモがあることがわかった。デビューから約16年間、ノートや所属事務所のメモ用紙や宿泊したホテルのレターヘッドなどに、ボールペンや鉛筆などさまざまな筆記具で、思いついたまま言葉をつづっていたのだ。それは単語だったり、文章だったり、形態はさまざま。そこには「Don't you see!」「マイ フレンド」などの原型らしきものも。阪神・淡路大震災の後だろうか、「震災の話」という記述には「Today is another day」に発展したと思われる「悲しい現実をなげくよりも何が出来るかを考える」というフレーズもあった。また、「陽気に行こう」というタイトルのメモを読むと「気楽に行こう」であることもわかる。坂井泉水にとって、これらのメモは作品の“種子”。その一部がZARDの曲として花開いていった。

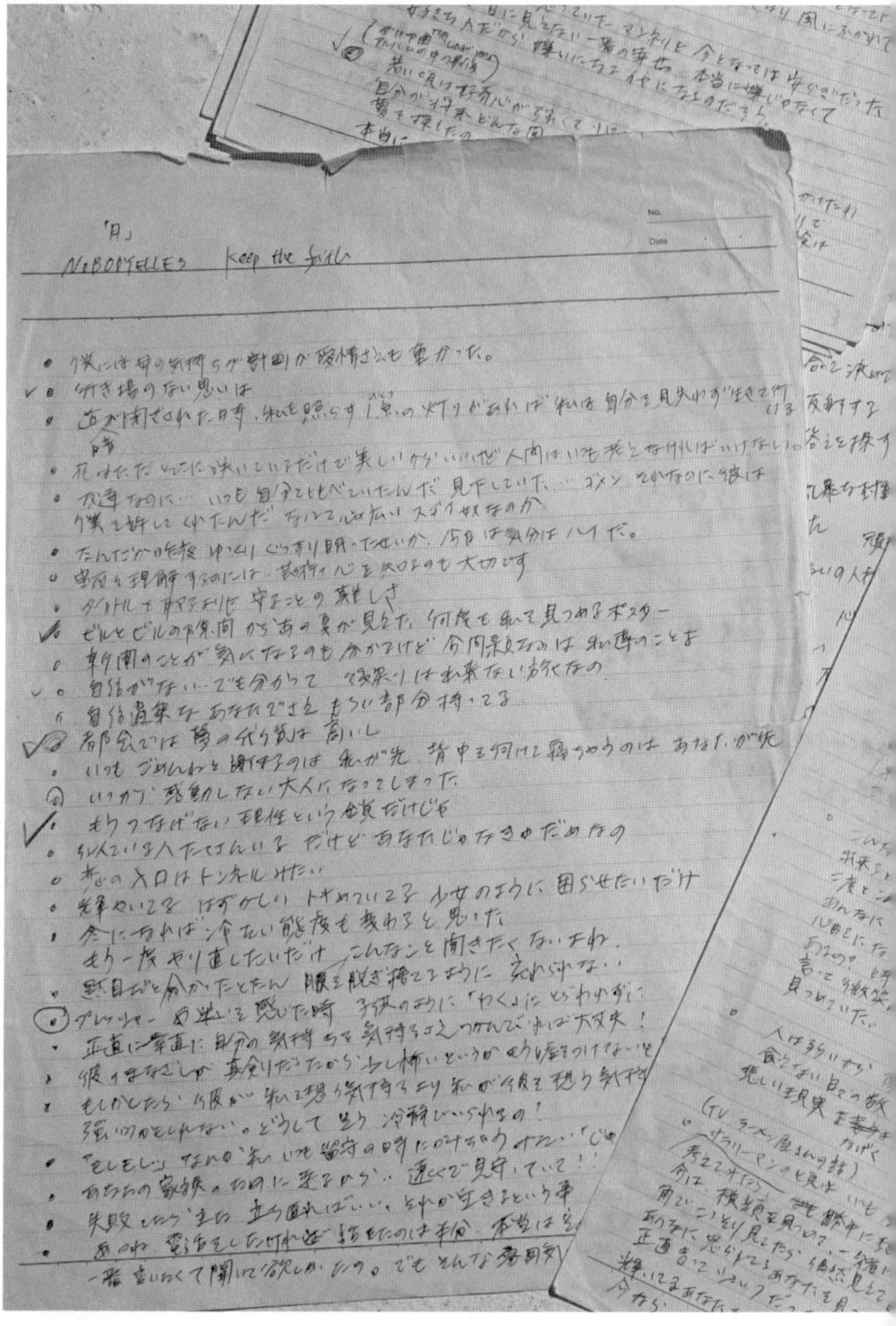
「月」
Keep the faith
僕には母の気持ちが計画が感情さえも重かった。
行き場のない思いは
道が閉ざされた時、私を照らす街の灯りがあれば私は自分を見失わず生きて行ける
花はただそこに咲いているだけで美しいかもしれないけど人間はいつも考えなければいけない
友達なのに…いつも自分とくらべていたんだ見下していた…ゴメン それなのに彼は
僕を許してくれたんだ なんて心の広いスゴイ奴なのか
なんだか昨夜ゆっくりぐっすり眠ったせいか、今日は気分はハイだ。
宇宙を理解するのには 好奇心を失わないのも大切です
ビルとビルの隙間から あの星が見えた 何度も私を見つめるポスター
新聞のことが気になるのも分かるけど 今問題なのは私達のことよ
自信がない…でも分かって 後戻りは出来ない旅なの
自信過剰なあなたでさえもろい部分持ってる
都会では星の代わりは高いし
いつもごめんねを謝るのは私が先 背中を向けて寝ちゃうのはあなたが先
いつか感動しない大人になってしまった
もうつなげない理性という鎖だけじゃ
似ている人たくさんいる だけどあなたじゃなきゃだめなの
恋の入口はトンネルみたい
輝いてる はずかしい トキめいてる 少女のように困らせたいだけ
冬になれば冷たい態度も変わると思った
もう一度やり直したいだけ こんなこと聞きたくないよね。
駄目だと分かったとたん 服を脱ぎ捨てるように 忘れられない
プレッシャーや迷いを感じた時 子供のように「わく」にとらわれずに
正直に素直に自分の気持ちを気持ちさえつかんでいれば大丈夫！
あなたの家族のために来るから…遠くで見守っていて！！
一番言いたくて聞いて欲しかったの。でもそんな勇気

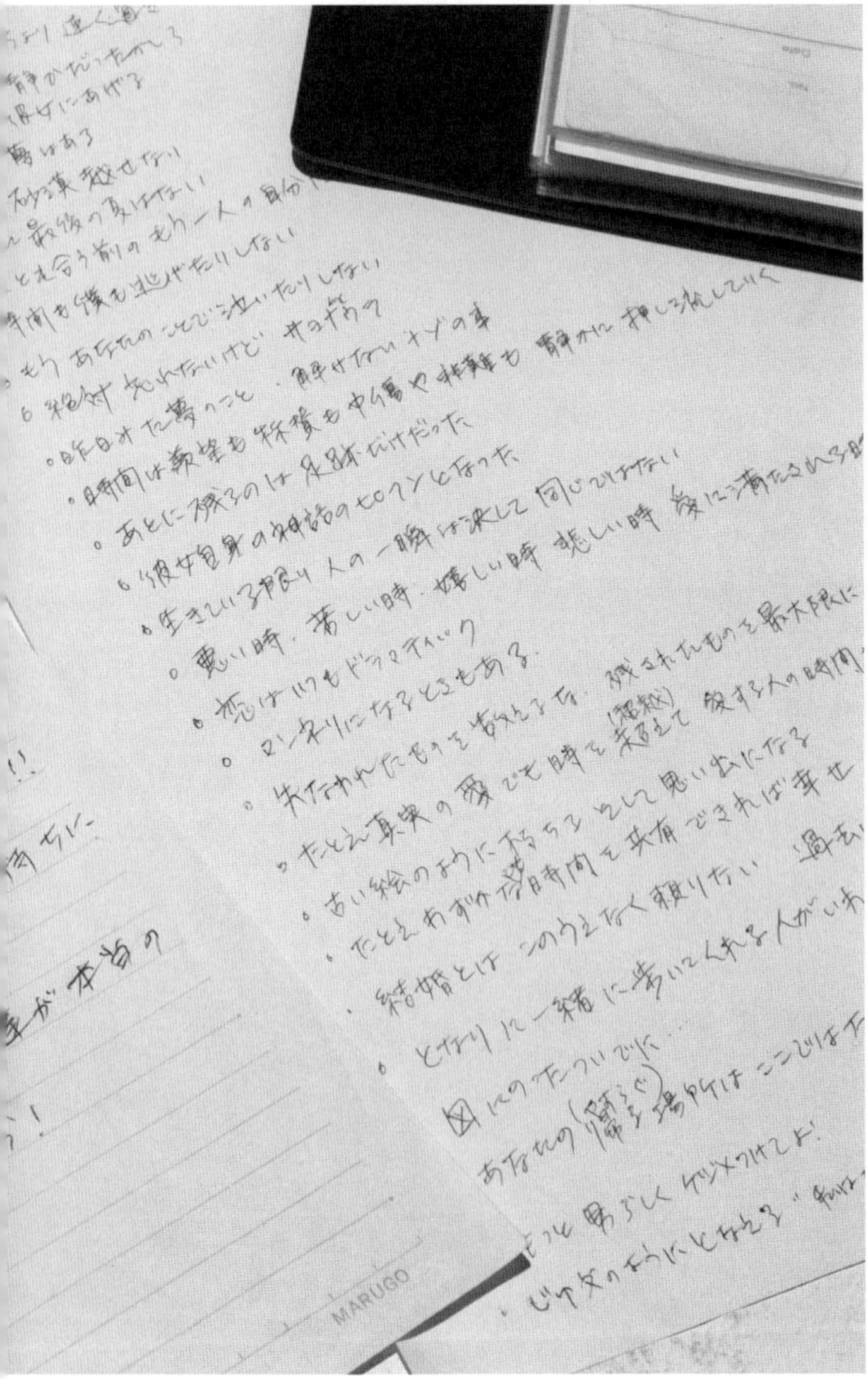
時間は羨望も称賛も中傷や非難も 静かに押し流していく
あとに残るのは 足跡だけだった
彼女自身の神話のヒロインとなった
生きている限り 人の一瞬は決して同じではない
恋はいつもドラマティック
失われたものを数えるな、残されたものを最大限に
となりに一緒に歩いてくれる人がいれば
MARUGO

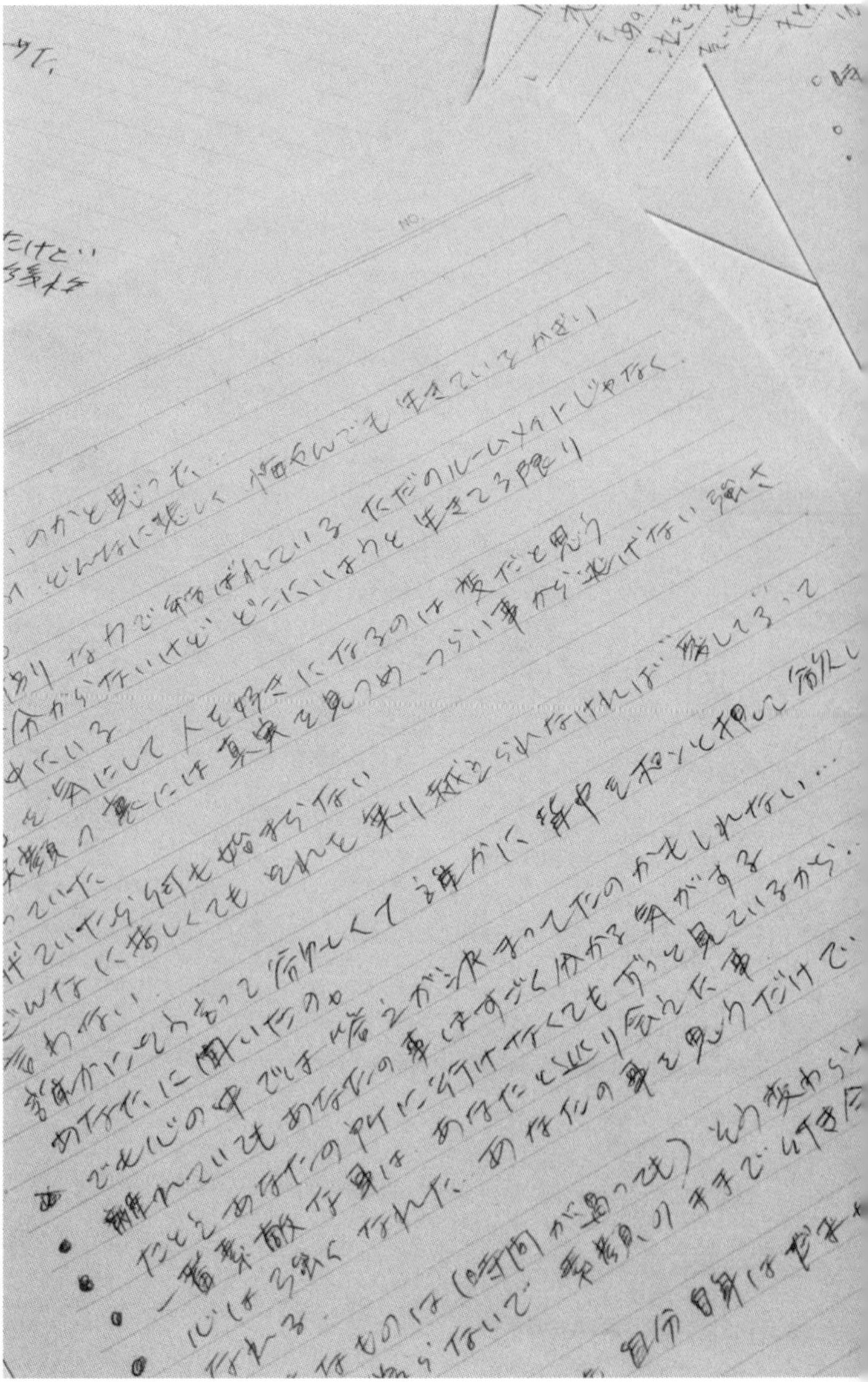
どんなに悲しく 悩んでも 生きているかぎり
ただのルームメイトじゃなく
生きてる限り
楽だと思う
真実を見つめ つらい事から逃げない強さ
誰かに 背中を押して欲しい
のかもしれない…
ずっと見ているから…

11月24、25日	東京・日本青年館にて、ライヴ・シチュエーションのプロモーション・ビデオ撮影。
1994年2月2日	シングル「この愛に泳ぎ疲れても」を発表。オリコン1位を獲得。
3月	第66回選抜高等学校野球大会の入場行進曲に「負けないで」が選ばれる。その後も日本テレビ系『24時間テレビ「愛は地球を救う」』のチャリティマラソンや、NTTドコモのバンクーバーオリンピックの応援CMに使われたり、応援ソングの定番曲として親しまれ続けている。 第8回日本ゴールドディスク大賞「THE BEST 5 ARTIST OF THE YEAR」を受賞。 同時に、「負けないで」が「BEST SINGLE OF THE YEAR」を受賞。 また、「揺れる想い」が「アルバム賞・ロック・フォーク部門（女性）」を受賞。
4月17日	テレビ朝日スタジオにて、『ミュージックステーション』のスタッフによるプロモーション・ビデオ撮影を行う。
6月4日	アルバム『OH MY LOVE』を発表。オリコン1位を獲得するとともに、アルバム2作連続で200万枚を超えるセールスを記録する。
6月22日	歌詞提供曲のDEEN「瞳そらさないで」発表。
8月8日	シングル「こんなにそばに居るのに」を発表。オリコン1位を獲得。
12月24日	シングル「あなたを感じていたい」を発表。
1995年2月1日	シングル「Just believe in love」を発表。
3月	第9回日本ゴールドディスク大賞「アルバム賞・ロック・フォーク部門（女性）」を『OH MY LOVE』が受賞。
3月10日	アルバム『forever you』を発表。オリコン1位を獲得。
3月27日	歌詞提供曲のDEEN「Teenage dream」発表。
5月15日	歌詞提供曲のFIELD OF VIEW「君がいたから」発表。 以後、FIELD OF VIEWの初期作品にいくつもの歌詞を提供することになる。「突然」「Last Good-bye」「DAN DAN 心魅かれてく」
6月5日	シングル「愛が見えない」を発表。
8月28日	シングル「サヨナラは今もこの胸に居ます」を発表。オリコン1位を獲得。
11月22日	栗林誠一郎による「Barbier」にゲスト・ボーカルとして参加。「クリスマスタイム」を発表。
12月16日	テレビ朝日スタジオにて、『ミュージックステーション』のスタッフによるプロモーション・ビデオ撮影を行う。
1996年1月8日	シングル「マイ フレンド」を発表。オリコン1位を獲得。 この作品は、テレビ朝日系アニメ『SLAM DUNK』のエンディングテーマとなり、番組とともに話題となる。
5月6日	シングル「心を開いて」を発表。オリコン1位を獲得。
6月9日	Barbierとして、シングル「LOVE ～眠れずに君の横顔ずっと見ていた～」を発表。
7月8日	アルバム『TODAY IS ANOTHER DAY』を発表。オリコン1位を獲得。
11月25日	Barbierとして、アルバム『Barbier first』を発表。 この年、高校の音楽教科書に「負けないで」が掲載され、話題になる。
1997年1月6日	シングル「Don't you see !」を発表。オリコン1位を獲得。 ニューヨークでロケをしたジャケットとプロモーション・ビデオが話題になる。
2月26日	シングル「君に逢いたくなったら…」を発表。
4月15日	コンピレーション・アルバム『J-BLUES BATTLE Vol.3』に、「Black Velvet」を歌って参加。 この頃、ブルースにも関心を持ち、アルバム曲などで積極的にそのエッセンスを取り入れている。
4月23日	初のセレクション・アルバム『ZARD BLEND ～SUN & STONE～』を発表。オリコン1位を獲得。
7月2日	シングル「風が通り抜ける街へ」を発表。
8月20日	シングル「永遠」を発表。オリコン1位を獲得。 ロサンゼルス郊外の砂漠で大規模な撮影をしたプロモーション・ビデオが話題になる。
12月3日	シングル「My Baby Grand ～ぬくもりが欲しくて～」を発表。
1998年2月11日	第3期WANDSの2作目となる「Brand New Love」の歌詞を提供する。 次作となる「明日もし君が壊れても」も歌詞を提供。

1967年2月6日 神奈川県に生まれる。
幼少時代は、のんびりとした性格でありながらも好奇心が旺盛だった。
また、ピアノの個人レッスンを受けるようになる。
小学校3年生のときにはリレーの選手に選ばれるなど、足が速かった。
中学に入ると陸上部に入部。短距離走では県大会で数々の入賞をし、当時の記録を保持していた。
同時に、ギター部にも入部して活動していた。

1990年8月 当時、「おどるポンポコリン」が大ヒット中のB.B.クィーンズのコーラス・オーディションに参加し、プロデューサー・長戸大幸と出会う。

秋 テレビドラマの主題歌を歌うことになるが、長戸は坂井泉水をソロとしてではなく、「ZARD」というバンドでデビューさせることに決める。

1991年1月22、28日 映画監督として有名な岩井俊二氏によるプロモーション・ビデオの撮影を横浜・大黒埠頭で行う。

2月10日 デビュー・シングル「Good-bye My Loneliness」を発表。
デビュー作品ながら、オリコンのベスト10にランクインする。
この作品は、フジテレビ系ドラマ『結婚の理想と現実』の主題歌となる。

3月27日 デビュー・アルバム『Good-bye My Loneliness』を発表。

6月25日 シングル「不思議ね…」を発表。

11月6日 シングル「もう探さない」を発表。

12月25日 アルバム『もう探さない』を発表。デビューのこの年、2枚のアルバムを発表する。
この年発表した3枚のシングルのプロモーション・ビデオは、岩井俊二氏が担当した。

1992年3月 第6回日本ゴールドディスク大賞「THE BEST 5 NEW ARTIST OF THE YEAR」を受賞。

7月22日 コンピレーション・アルバム『Royal Straight Soul Ⅲ Vol.2』に「This Masquerade」をカバーして参加する。

8月5日 シングル「眠れない夜を抱いて」を発表。

8月7日 テレビ朝日系『ミュージックステーション』で「眠れない夜を抱いて」を歌い、テレビ番組初出演を果たす。

8月28日 再び『ミュージックステーション』に出演。異例の1カ月2度の出演となる。

9月2日 アルバム『HOLD ME』を発表。オリコン2位を獲得する。

9月9日 シングル「IN MY ARMS TONIGHT」を発表。
同日、フジテレビ系『サウンドアリーナ』に「眠れない夜を抱いて」で出演。

9月18日 『ミュージックステーション』に「眠れない夜を抱いて」で出演。

10月16日 『ミュージックステーション』に「IN MY ARMS TONIGHT」で出演。

10月28日 フジテレビ系『MJ -MUSIC JOURNAL-』に「IN MY ARMS TONIGHT」で出演。
「テレビに出ない」と言われながらも、実際にはこの年は3カ月に6回のテレビ出演をしていたことになる。

1993年1月27日 初のオリコン1位を獲得しミリオン・ヒットとなった「負けないで」を発表。
この作品は、バブル崩壊後の不況に苦しむ人々の心に届き、元気をもらえて励まされる応援歌として多くの人の支持を得た。

2月5日 『ミュージックステーション』に「負けないで」で出演。結果的に、これがテレビ出演としては最後になった。

4月21日 シングル「君がいない」を発表。

5月12日 歌詞提供曲のテレサ・テン「あなたと共に生きてゆく」発表。

5月19日 「ポカリスエット」のCMソングとなった「揺れる想い」を発表。ミリオン・ヒットを記録する。

6月9日 読売ジャイアンツの長嶋茂雄監督をフィーチャーして話題になった「果てしない夢を」をZYYG、REV、WANDSらとともに発表。
この作品では、長嶋監督と一緒にレコーディングもした。

7月10日 2枚のミリオン・シングルを収録したアルバム『揺れる想い』を発表。
200万枚を超えるセールスを記録し、アルバム年間ランキング1位を獲得する。
同時に、この年のアーティスト・トータル・セールスの1位となる。

7月17日 歌詞提供曲のDEEN「翼を広げて」発表。その後、セルフカバーは亡くなってから発表されることとなる。

9月4日 シングル「もう少し あと少し… 」を発表。

11月3日 シングル「きっと忘れない」を発表。
オリコン1位を獲得する。

2003年3月27日
大阪・北堀江にあるライヴハウス「hillsパン工場」のライヴに飛び入り出演。1999年に発表した「CAN'T TAKE MY EYES OFF OF YOU」とブロンディの「CALL ME」の2曲を披露する。

4月9日
シングル「明日を夢見て」を発表。

7月9日
シングル「瞳閉じて」を発表。

8月27日
松本孝弘（B'z）がプロデュースする「異邦人」（オリジナルは久保田早紀）を歌い、「TAK MATSUMOTO featuring ZARD」として参加。

11月12日
シングル「もっと近くで君の横顔見ていたい」を発表。

11月26日
先に発表したシングル「異邦人」が収録されたTAK MATSUMOTOのアルバム『THE HIT PARADE』に参加。

2004年1月28日
3年振りのオリジナル・アルバム『止まっていた時計が今動き出した』を発表。

3月
初めての全国ライヴツアー「What a beautiful moment Tour」を、大阪フェスティバルホールからスタート。7月23日の東京・日本武道館のアンコール公演まで全国11公演を行う。

6月23日
シングル「かけがえのないもの」を発表。

11月21日
歌詞提供曲の森 進一の2作品「さらば青春の影よ」「蜃気楼」発表。

11月24日
シングル「今日はゆっくり話そう」を発表。

2005年4月20日
ダブル・タイトルのシングル「星のかがやきよ／夏を待つセイル（帆）のように」を発表。
「星のかがやきよ」はテレビアニメ『名探偵コナン』テーマソング、「夏を待つセイル（帆）のように」は、『名探偵コナン』の劇場版主題歌になる。

6月8日
2004年のライヴツアーの模様を収録したライブDVD『What a beautiful moment』を発表、オリコン1位を獲得する。

9月7日
オリジナル・アルバムとしては、結果的に最後となった『君とのDistance』を発表。

2006年3月8日
シングル「悲しいほど貴方が好き／カラッといこう！」を発表。

5月10日
シングル「ハートに火をつけて」を発表。
4月に行われたこのシングルのプロモーション・ビデオ撮影の深夜に体調が急変。
その後、子宮頸がんが発覚、手術のため東京・新宿区の慶應義塾大学病院に入院する。

6月1日
9時間に及ぶ手術をする。術後も経過は良好で、7月には退院する。

10月25日
デビュー15周年を記念して、アルバム『Golden Best～15th Anniversary～』（オリコン1位）、15年間の活動の記録とプロモーション・ビデオを収録したDVD『ZARD Le Portfolio 1991-2006』（オリコン1位）、および写真集『Le Portfolio -ル・ポルトフォリオ-』を発表。
この頃、自宅で静養するかたわら、2007年秋に向けて、オリジナル・アルバムの発表と3年振りの全国ライヴツアーの計画を練る。

2007年3月
坂井泉水からの提案で、4月6日の都内の水族館でのスチール撮影が決定するも…。
がんの肺への転移が見つかり、2週間ほどの入退院を繰り返すようになる。

5月27日
入院先の病院内での不慮の事故により永眠。享年40。

6月26、27日
東京・青山斎場にて「ZARD／坂井泉水さんを偲ぶ会」が催され、関係者やアーティストをはじめ、全国から4万人を超すファンが参列。終了予定時刻を大幅に超える夜10時までファンの列は途切れず、最後にはモニターに映る坂井泉水と一緒に大合唱が起こった。

8月15日
2枚の追悼アルバム『Soffio di vento ～Best of IZUMI SAKAI Selection～』『Brezza di mare ～dedicated to IZUMI SAKAI～』を発表。

9月6、7、14日
大阪・フェスティバルホール、東京・日本武道館にて、追悼ライヴ「What a beautiful memory」を開催する。

12月12日
制作途中だった作品「グロリアス マインド」がスタッフの手によって完成され、シングルとして発表される。

12月31日
第58回NHK紅白歌合戦の「ZARDスペシャル・トリビュート・ライヴ・コーナー」として、NHK大阪ホールよりライヴの模様が生中継される。

2008年1月19日
前年行った追悼ライヴに対する全国からの熱い要望に応えて、神戸国際会館を皮切りに全国13カ所16公演の「What a beautiful memory 2008」ツアーを行う。
最終公演は、一周忌にあたる5月27日に東京・国立代々木競技場第一体育館に1万人を集めて開催された。

1月23日
ファン投票で選曲されたアルバム『ZARD

3月4日　シングル「息もできない」を発表。

第12回日本ゴールドディスク大賞「ロック・アルバム・オブ・ザ・イヤー」を『ZARD BLEND～SUN & STONE～』が受賞。

9月17日　シングル「運命のルーレット廻して」を発表。
この作品で、坂井泉水も大好きだった読売テレビ・日本テレビ系アニメ『名探偵コナン』のテーマソングを担当した。これをきっかけに以後、何度もテーマソングを担当する。

12月2日　シングル「新しいドア ～冬のひまわり～」「GOOD DAY」の2枚を同時に発表。

1999年2月17日　アルバム『永遠』を発表。オリコン1位を獲得。
同時に、初となるオフィシャル・バンド・スコア『ZARD BLEND ～SUN & STONE～』『永遠』の2冊を発表、ここからZARDの楽曲をカバーするアマチュア・バンドが増える。

4月7日　シングル「MIND GAMES」を発表。オリコン1位を獲得。

5月28日　デビュー10年を前にこの年を「ZARD YEAR」と銘打って、初のベスト・アルバム『ZARD BEST The Single Collection ～軌跡～』を発表。オリコン1位を獲得するとともに、そのプロモーションは日本全国に話題を振りまき大いに盛り上がった。
また、応募特典となった船上ライヴ「ZARD 1999 Cruising & Live」への招待には、600人の枠に120万通を超える応募が殺到した。

6月16日　シングル「世界はきっと未来の中」を発表。

8月　98年より『ZARD INFORMATION』としてファンに配布されていた情報紙を元に、ZARDオフィシャル・ファンクラブ「WEZARD」が正式に発足する。以後、2010年末までに50冊の会報を発行する。

8月31日　船上ライブ「ZARD 1999 Cruising & Live」を開催。豪華客船ぱしふぃっく びいなす号で東京・晴海埠頭を出港、クルーズ中に船内のホールでライヴを披露した。

9月15日　5月リリースのベスト・アルバムに封入したリクエスト用紙によって投票された上位楽曲を収録したアルバム『ZARD BEST ～Request Memorial～』を発表。オリコン1位を獲得する。
このときも、都内に街宣のロンドン・バスを走らせるなど数々のプロモーションで全国を賑わせた。
同日、ピチカート・ファイヴの小西康陽氏とのコラボレートで、カバー曲『CAN'T TAKE MY EYES OFF OF YOU』（オリジナルは、フランキー・ヴァリ。ボーイズ・タウン・ギャングのカバーは80年代ディスコの定番曲）をインディーズ・アナログ盤で発表。

10月14日　シングル「痛いくらい君があふれているよ」を発表。

12月1日　シングル「この涙 星になれ」を発表。

2000年1月26日　船上ライヴ「ZARD 1999 Cruising & Live」のライヴCDを限定盤で発表。今では、入手困難な作品となっている。

2月6日　初の詞集『坂井泉水ポエトリーセレクション第1弾 ～揺れる想い～』を発表。以後、年内に4集までを発表する。こちらも、揃って現在では絶版となっている。

3月　第14回日本ゴールドディスク大賞の『ロック・アルバム・オブ・ザ・イヤー』で、『永遠』『ZARD BEST The Single Collection ～軌跡～』『ZARD BEST ～Request Memorial～』が3枚同時受賞という快挙を成し遂げる。

3月26日　初のファンクラブ・イベント「ZARD com.2000」を大阪IMPホールで開催。本人不在のイベントでありながらも、プロデューサーの長戸大幸が出席するなど大いに盛り上がった。

9月6日　NHKのシドニーオリンピック放送のテーマソングとなったシングル「Get U're Dream」を発表。

11月15日　シングル「promised you」を発表。

2001年2月15日　アルバム『時間《とき》の翼』を発表。オリコン1位を獲得する。
その後、体調不調に陥り、約1年間活動を休止することになる。

11月21日　セレクション・アルバム『ZARD BLEND II ～LEAF & SNOW～』を発表。

2002年5月22日　“ZARD 第2章スタート”というキャッチフレーズのもと、シングル「さわやかな君の気持ち」を発表。同時に、2001年までに発表したシングルをすべて12cm CD盤にリメイクしまとめた『ZARD PREMIUM BOX 1991-2001 SINGLE COLLECTION』を発表。

掛けてプロモーション・ビデオの撮影を行った思い出の場所。その映像のみの特別編集映像も公開された。
坂井泉水が想いを込めて、そしてこだわり続けた詞 - ことば - と写真でつづる詞集『Words & Images Book』シリーズ第1巻『Season -ZARD 坂井泉水・詞集I-』・第2巻『Today is another day -ZARD 坂井泉水・詞集II-』・第3巻『I still remember -ZARD 坂井泉水・詞集III-』・第4巻『My Baby Grand -ZARD 坂井泉水・詞集IV-』を発表。

12月23日 坂井泉水の出身地である秦野市の小田急電鉄・渋沢駅の駅メロとして「負けないで」(上り線)、「揺れる想い」(下り線)が採用される。渋沢駅は学生時代の通学等で坂井泉水も使用していた駅。

2015年2月7、11日 ZARDオフィシャルモバイルファンクラブ"WEZARD、"初のファンクラブイベントを東京・ビーイング鳥居坂ビル、大阪・hillsパン工場で開催。

5月24、27日 フィルム・コンサート「ZARD Screen Harmony 2015」を大阪・堂島リバーフォーラム、東京・渋谷公会堂で開催。

12月31日 25周年YEARキックオフイベントフィルム・コンサート&ギャラリー「ZARD 25th Anniversary Eve ～Screen Harmony & Gallery～」をパシフィコ横浜 国立大ホールで開催。

2016年2月10日 ZARD デビュー25周年YEARがスタート!
デビュー25周年を記念して、最新デジタルマスタリング&高品質Blu-spec CD2TMによる52曲を収めたオールタイムベスト『ZARD Forever Best ～25th Anniversary～』リリース。

4月26日 ZARD GALLERY～25th Anniversary～を東京・六本木のビーイング鳥居坂ビルで開催。
前半:4月26日～5月8日
後半:5月16日～5月29日

4月27日 MV 62曲とオフショット映像を収めた5枚組DVD『ZARD MUSIC VIDEO COLLECTION ～25th ANNIVERSARY～』発表。

5月18日 坂井泉水の声を活かしながら、長戸大幸プロデューサーのもとに集結したZARDゆかりのアーティストや若手ミュージシャンが、ZARDの楽曲にダンスロックなアレンジを施し新たな息吹を吹き込んだアルバム『d-project with ZARD』を発表。

5月21、26、27日 デビュー25周年を記念したライヴ「What a beautiful memory ～25th Anniversary～」を大阪・オリックス劇場と東京・TOKYO DOME CITY HALLで開催。

12月7日 デビュー25周年を記念したライヴを収めたDVD『ZARD 25th Anniversary LIVE "What a beautiful memory"』を発表。

2017年2月8日 J-POPアーティスト初のパートワーク『ZARD CD & DVD COLLECTION』創刊。(67号[2019年8月]まで刊行・アシェット・コレクションズ・ジャパン株式会社発行)

2月10日～5月27日 全国映画館(のべ35館)にて、臨場感溢れるドルビーアトモスを採用したZARDフィルム・ライヴ「ZARD Screen Harmony Live 2017 ～25th Anniversary → Forever...!～」開催。

2019年2月1日 テレビ朝日開局60周年記念『ミュージックステーション3時間スペシャル』内にて、ハリウッドの最新技術を駆使し、ビーイングの後輩である倉木麻衣と「負けないで」で一夜限りのコラボレーションが実現。

4月 オリコン"平成セールス"ランキング アーティスト別トータルセールスランキング8位
(累計売上枚数:3763.3万枚[シングル:1773.3万枚/アルバム:1990.0万枚])

4月20日 NHK BSプレミアムにて2時間特番『ZARDよ永遠なれ 坂井泉水の歌はこう生まれた』が放送。

5月10日 ZARD/坂井泉水にゆかりのある場所やエピソードを紹介するオリジナルプログラム「WEZARD TV」がZARDオフィシャルYouTubeチャンネルで配信開始。

Request Best ～beautiful memory～』を発表、アルバムでは11作品目となるオリコン1位を獲得する。

4月 東京・池袋を皮切りに、2009年5月の東京・新宿まで全国7都市8会場での「ZARD 坂井泉水展 ～坂井泉水の永遠の今～」を初開催。
初めて公開される直筆歌詞や撮影に使用した衣装などを展示、10万人を動員する。

4月9日 DEENに歌詞提供した「翼を広げて」とデビュー曲のカップリング曲「愛は暗闇の中で」をダブル・タイトルのシングルとして発表。

5月28日 2002年に発表した『ZARD PREMIUM BOX 1991-2001 SINGLE COLLECTION』の完全版、『ZARD Premium Box 1991-2008 Complete Single Collection』を発表。

2009年5月15、16、27日 三回忌にあたり、追悼ライヴ「What a beautiful memory 2009」を大阪・堂島リバーフォーラムと東京・日本武道館にて開催。

5月27日 坂井泉水作詞・作曲による「素直に言えなくて」をリメイク、シングルとして発表。

2010年5月15、27、30日 3年間にわたる追悼ライヴ「What a beautiful memory」ツアーの模様をまとめたフィルム・コンサート「ZARD Screen Harmony」を大阪・堂島リバーフォーラム、東京・渋谷C.C.Lemonホールと町田市民ホールにて開催する。

9月20日 5月に行われたフィルム・コンサートを全国展開、2011年6月の千葉京葉銀行会館まで24カ所30公演を行う。

2011年2月10日 ZARD デビュー20周年YEARがスタート!
デビュー20周年を記念して、デビューシングル「Good-bye My Loneliness」から、2009年にリリースされた「素直に言えなくて」までの全シングル45枚に収録されたナンバーと参加シングル作品、全100曲を完全収録した『ZARD SINGLE COLLECTION ～20th ANNIVERSARY～』、ZARD20年の軌跡を辿る完全保存版のZARD 20周年記念写真集『ZARD Portfolio du 20eme anniversaire』第1集『揺れる想い』・第2集『負けないで』・第3集『きっと忘れない』・第4集『あの微笑みを忘れないで』発表。
京都を皮切りに、大阪・東京・愛知・北海道・福岡の6カ所でZARD・坂井泉水20年の軌跡を辿る20周年記念特別展「ZARD 20th YEAR 展 ～History of IZUMI SAKAI～」を開催。

4月13日 2007年から2009年まで毎年開催された、ZARD・坂井泉水追悼ライヴ『ZARD "What a beautiful memory 2007"』『ZARD "What a beautiful memory 2008"』『ZARD "What a beautiful memory 2009"』をDVD化、3本同時に発表。

5月27、29日 デビュー20周年を記念した「What a beautiful memory ～forever you～」を東京・日本武道館と大阪・グランキューブで開催。

8月10日 坂井泉水の命日である5月27日に東京・日本武道館で開催されたラストライヴ『What a beautiful memory ～forever you～』を2枚組DVDとして発表。オリコンのDVDランキングの音楽、総合の各部門で1位を獲得。

12月13日 ZARDオフィシャルモバイルファンクラブ"WEZARD"発足。

2012年1月1日 1stアルバムからのすべてのオリジナルアルバム11作と未発表音源およびレア音源を収録したプレミアムディスクを含む全128曲からなる『ZARD ALBUM COLLECTION ～20th ANNIVERSARY～』を発表。

2月4、5日 フィルム・コンサート「ZARD Screen Harmony 2012 ～Last Memories～」を大阪・堂島リバーフォーラム、東京・品川ステラボールで開催。

2月10日 ZARD20周年YEARを締めくくるZARD GALLERYを東京・六本木のビーイング鳥居坂ビルで開催。
2月10日～4月1日 My Best Shot展／4月4日～5月31日 Request Best Shot展

2月11日 「あの微笑みを忘れないで（2012 Movie-theme ver.）」が主題歌となった映画『ウタヒメ 彼女たちのスモーク・オン・ザ・ウォーター』公開。

2013年5月25、27日 坂井泉水の7回忌に贈るフィルム・コンサート「ZARD Film of 7th Memorial ～君に逢いたくなったら～」を、大阪・堂島リバーフォーラム、東京・中野サンプラザホールで開催。

2014年4月 高校英語の教科書『MY WAY English Communication II』（三省堂発行）の中に、「An Encouraging Song」というタイトルで「負けないで」を取り上げた英文テキストが掲載される。

5月25、27日 フィルム・コンサート「ZARD Screen Harmony 2014」を大阪・堂島リバーフォーラム、東京・日本青年館で開催。東京会場となった日本青年館は、ZARDにとっては1993年に2日間

ALBUM

01

02

03

04

05

06

07

08

09

10

11

12

13

14

15

16

17

18

ALBUM

01. Good-bye My Loneliness　'91.3.27
Good-bye My Loneliness・愛は暗闇の中で・恋女の憂鬱・Oh! Sugar Baby・女でいたい・It's a Boy

02. もう探さない　'91.12.25
不思議ね…・もう探さない・素直に言えなくて・ひとりが好き・Forever・Lonely Soldier Boy・いつかは…

03. HOLD ME　'92.9.2
眠れない夜を抱いて・誰かが待ってる・サヨナラ言えなくて・あの微笑みを忘れないで・好きなように踊りたいの・Dangerous Tonight・こんなに愛しても・Why Don't You Leave Me Alone・愛は眠ってる・遠い日のNostalgia・So Together

04. 揺れる想い　'93.7.10
揺れる想い・Season・君がいない (B-version)・In my arms tonight・あなたを好きだけど・負けないで・Listen to me・You and me (and…)・I want you・二人の夏

05. OH MY LOVE　'94.6.4
Oh my love・Top Secret・きっと忘れない・もう少し あと少し…・雨に濡れて・この愛に泳ぎ疲れても・I still remember・If you gimme smile・来年の夏も・あなたに帰りたい

06. forever you　'95.3.10
今すぐ会いに来て・ハイヒール脱ぎ捨てて・Forever you・もう逃げたりしないわ 想い出から・あなたを感じていたい・気楽に行こう・I'm in love・こんなにそばに居るのに・Just believe in love・瞳そらさないで

07. TODAY IS ANOTHER DAY　'96.7.8
マイ フレンド・君がいたから・サヨナラは今もこの胸に居ます・LOVE ～眠れずに君の横顔ずっと見ていた～・DAN DAN 心魅かれてく・眠り・心を開いて・突然・今日も・Today is another day・愛が見えない・見つめていたいね

08. 永遠　'99.2.17
永遠・My Baby Grand ～ぬくもりが欲しくて～・WAKE UP MAKE THE MORNING LAST ～忘れがたき人へ～・Brand New Love・運命のルーレット廻して・遠い星を数えて・新しいドア ～冬のひまわり～・GOOD DAY・I feel fine, yeah・少女の頃に戻ったみたいに・息もできない・風が通り抜ける街へ・フォトグラフ

09. 時間《とき》の翼　'01.2.15
Get U're Dream・この涙 星になれ・promised you ～with P-edition～・痛いくらい君があふれているよ・窓の外はモノクローム・お・も・ひ・で・明日もし君が壊れても・世界はきっと未来の中 ～another style 21～・hero・揺れる想い Gomi's New York Remix・負けないで Gomi's 10th Anniversary Special Mix・時間《とき》の翼

10. 止まっていた時計が今動き出した　'04.1.28
明日を夢見て・時間《とき》の翼・もっと近くで君の横顔見ていたい・pray・出逢いそして別れ・止まっていた時計が今動き出した・瞳閉じて・さわやかな君の気持ち (Album Ver.)・愛であなたを救いましょう・天使のような笑顔で・悲しいほど 今日は雨でも

11. 君とのDistance　'05.9.7
夏を待つセイル(帆)のように・サヨナラまでのディスタンス・かけがえのないもの・今日はゆっくり話そう・君とのふれあい・セパレート・ウェイズ・Last Good-bye・星のかがやきよ・月に願いを・あなたと共に生きてゆく・I can't tell・good-night sweetheart・君と今日の事を一生忘れない

LIVE ALBUM

12. ZARD Cruising & Live ～限定盤ライヴCD～ '00.1.26
DISC1：LIVE CD ～OPENING～・揺れる想い・君がいない・心を開いて ・Don't you see!・世界はきっと未来の中・フォトグラフ・もう少し あと少し…・眠れない夜を抱いて・My Baby Grand ～ぬくもりが欲しくて～・IN MY ARMS TONIGHT・あの微笑みを忘れないで・この愛に泳ぎ疲れても ～ENCORE～・遠い星を数えて・負けないで
DISC2：ZARD LIVE SPECIAL CD-ROM ～Cruising HAZARD～

SELECTION ALBUM

13. ZARD BLEND ～SUN & STONE～　'97.4.23
君に逢いたくなったら…・揺れる想い・君がいない・心を開いて・Good-bye My Loneliness・IN MY ARMS TONIGHT・あの微笑みを忘れないで・Oh my love・来年の夏も・ハイヒール脱ぎ捨てて・Don't you see!・眠れない夜を抱いて・こんなに愛しても ～Hold Me～

14. ZARD BLEND II ～LEAF & SNOW～ '01.11.21
私だけ見つめて・あなたを感じていたい・もう少し あと少し…・My Baby Grand ～ぬくもりが欲しくて～・黄昏に My Lonely Heart・Boy・Stray Love・Take me to your dream・You and me (and…)・あなたに帰りたい・Just for you・Ready, Go!・Change my mind・カナリヤ・クリスマス タイム (ZARD Version)・永遠 ～君と僕との間に～

15. Soffio di vento ～Best of IZUMI SAKAI Selection～　'07.8.15
あの微笑みを忘れないで・黄昏に My Lonely Heart・愛が見えない・サヨナラは今もこの胸に居ます・ひとりが好き・あなたに帰りたい・So Together・遠い星を数えて・遠い日のNostalgia・来年の夏も・かけがえのないもの・Boy・見つめていたいね
【DVD】My Baby Grand ～ぬくもりが欲しくて～・カナリヤ

16. Brezza di mare ～dedicated to IZUMI SAKAI～ '07.8.15
瞳閉じて・明日を夢見て・風が通り抜ける街へ・I'm in love・君がいない (B-version)・もう探さない・promised you・悲しいほど貴方が好き・君がいたから (di mare version)・止まっていた時計が今動き出した・さわやかな君の気持ち・少女の頃に戻ったみたいに・世界はきっと未来の中 (di mare version)・いつかは…
【DVD】もう少し あと少し…・眠り

BEST ALBUM

17. ZARD BEST The Single Collection ～軌跡～ '99.5.28
負けないで・君がいない・揺れる想い・果てしない夢を (ZYYG, REV, ZARD & WANDS featuring 長嶋茂雄)・もう少し あと少し…・きっと忘れない・この愛に泳ぎ疲れても・こんなにそばに居るのに・Just believe in love・愛が見えない・マイ フレンド・心を開いて・永遠 (Intro Piano Version)・運命のルーレット廻して (Re-mix Version)

18. ZARD BEST ～Request Memorial～ '99.9.15
Don't you see!・あなたを感じていたい・息もできない・君に逢いたくなったら…・あの微笑みを忘れないで・Oh my love・サヨナラは今もこの胸に居ます・My Baby Grand ～ぬくもりが欲しくて～・Forever you・突然・遠い日のNostalgia・雨に濡れて (ZYYG, REV, ZARD & WANDS)・I still remember・MIND GAMES

19. Golden Best ～15th Anniversary～　'06.10.25
DISC1：Good-bye My Loneliness・眠れない夜を抱いて・IN MY ARMS TONIGHT・負けないで・君がいない・揺れる想い・もう少し あと少し…・きっと忘れない・この愛に泳ぎ疲れても・Oh my love・こんなにそばに居るのに・あなたを感じていたい・愛が見えない・サヨナラは今もこの胸に居ます

SINGLE

01 02 03 04 05 06 07 08 09 10

11 12 13 14 15 16 17 18 19 20

21 22 23 24 25 26 27 28 29 30

31 32 33 34 35 36

37 38 39 40 41 42

43 44 45-a 45-b

8cm SINGLE

01. Good-bye My Loneliness　cw　愛は暗闇の中で　'91.2.10
02. 不思議ね…　cw　素直に言えなくて　'91.6.25
03. もう探さない　cw　こんなに愛しても　'91.11.6
04. 眠れない夜を抱いて　cw　Dangerous Tonight　'92.8.5
05. IN MY ARMS TONIGHT　cw　汗の中で CRY　'92.9.9
06. 負けないで　cw　Stray Love　'93.1.27
07. 君がいない　cw　私だけ見つめて　'93.4.21
08. 揺れる想い　cw　Just for you　'93.5.19
09. もう少し あと少し…　cw　カナリヤ　'93.9.4
10. きっと忘れない　cw 黄昏に My Lonely Heart　'93.11.3
11. この愛に泳ぎ疲れても / Boy　'94.2.2
12. こんなにそばに居るのに　cw　あなたのせいじゃない　'94.8.8
13. あなたを感じていたい　cw　Take me to your dream　'94.12.24
14. Just believe in love　cw　Ready, Go!　'95.2.1
15. 愛が見えない　cw　Teenage dream　'95.6.5
16. サヨナラは今もこの胸に居ます　cw　眠り　'95.8.28
17. マイ フレンド　cw　目覚めた朝は…　'96.1.8
18. 心を開いて　cw　Change my mind　'96.5.6
19. Don't you see!　cw　帰らぬ時間《とき》の中で　'97.1.6
20. 君に逢いたくなったら…　cw　愛を信じていたい　'97.2.26
21. 風が通り抜ける街へ　cw　遠い星を数えて　'97.7.2
22. 永遠　cw　I can't let go　'97.8.20
23. My Baby Grand ～ぬくもりが欲しくて～　cw　Love is Gone　'97.12.3
24. 息もできない　cw　Vintage　'98.3.4
25. 運命のルーレット廻して　cw　少女の頃に戻ったみたいに　'98.9.17
26. 新しいドア ～冬のひまわり～　'98.12.2
27. GOOD DAY　'98.12.2
28. MIND GAMES　cw　Hypnosis　'99.4.7
29. 世界はきっと未来の中　'99.6.16
30. 痛いくらい君があふれているよ　'99.10.14

MAXI SINGLE

31. この涙 星になれ　cw　お・も・ひ・で　'99.12.1
32. Get U're Dream　'00.9.6
33. promised you　cw The only truth I know is you　'00.11.15
34. さわやかな君の気持ち　cw　抱きしめていて，Seven Rainbow　'02.5.22
35. 明日を夢見て　cw　探しに行こうよ　'03.4.9
36. 瞳閉じて　cw　愛しい人よ ～名もなき旅人よ～　'03.7.9
37. もっと近くで君の横顔見ていたい　cw リセット　'03.11.12
38. かけがえのないもの
cw　無我夢中，永遠（What a beautiful moment Tour Opening Ver.）　'04.6.23
39. 今日はゆっくり話そう　cw　淡い雪がとけて，雨が降り出す前に　'04.11.24
40. 星のかがやきよ / 夏を待つセイル（帆）のように　'05.4.20
41. 悲しいほど貴方が好き / カラッといこう！　'06.3.8
42. ハートに火をつけて　cw　君へのブルース　'06.5.10
※初回盤には "ハートに火をつけて ～ピアノ・インストゥルメンタル・バージョン～" 収録
43. グロリアス マインド
cw　探しに行こうよ（2007 version），愛を信じていたい（2007 version）　'07.12.12
44. 翼を広げて / 愛は暗闇の中で　'08.4.9
※初回限定盤 DVD 付
45. 素直に言えなくて　cw Hypnosis　'09.5.27
※初回限定盤 DVD 付
初回限定盤（45-a）通常盤（45-b）

DVD

01

02

03

04

05

06

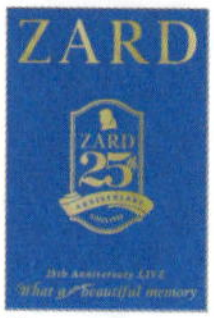

07

01. What a beautiful moment '05.6.8
DISC1：揺れる想い・この愛に泳ぎ疲れても・もう少し あと少し…・あの微笑みを忘れないで・世界はきっと未来の中・You and me (and…)・もっと近くで君の横顔見ていたい・明日を夢見て・瞳閉じて・心を開いて・あなたを感じていたい・愛が見えない・Today is another day・来年の夏も・My Baby Grand ～ぬくもりが欲しくて～・君がいない・マイ フレンド・負けないで・pray・止まっていた時計が今動き出した・Don't you see！
DISC2：EXTRA SHOTS IN TOUR PART. 1&2 / PHOTO BOOK / DISCOGRAPHY

02. ZARD Le Portfolio 1991-2006 '06.10.25
～ Sequence-I 1991-1993 ～：Good-bye My Loneliness・不思議ね…・IN MY ARMS TONIGHT・負けないで・君がいない・揺れる想い・もう少し あと少し…・きっと忘れない・この愛に泳ぎ疲れても・～ Sequence-II 1994-1995 ～：Oh my love・I still remember・来年の夏も・こんなにそばに居るのに・あなたを感じていたい・Just believe in love・ハイヒール脱ぎ捨てて・愛が見えない・サヨナラは今もこの胸に居ます・～ Sequence-III 1996-1997 ～：マイ フレンド・心を開いて・Today is another day・Don't you see!・君に逢いたくなったら…・あの微笑みを忘れないで・風が通り抜ける街へ・永遠・My Baby Grand ～ぬくもりが欲しくて～・～ Sequence-IV 1998-2000 ～：息もできない・運命のルーレット廻して・新しいドア ～冬のひまわり～・GOOD DAY・MIND GAMES・痛いくらい君があふれているよ・この涙 星になれ・Get U're Dream・～ Sequence-V 2002-2006 ～：明日を夢見て・瞳閉じて・もっと近くで君の横顔見ていたい・止まっていた時計が今動き出した・かけがえのないもの・今日はゆっくり話そう・君とのふれあい

03. What a beautiful memory 2007 '11.4.13
坂井泉水さんを偲ぶ会～日本武道館〈ドキュメント〉・揺れる想い・この愛に泳ぎ疲れても・IN MY ARMS TONIGHT・Just for you・遠い日のNostalgia・君がいたから・眠り・少女の頃に戻ったみたいに・瞳閉じて・I still remember・My Baby Grand ～ぬくもりが欲しくて～〈ピアノ演奏〉・止まっていた時計が今動き出した・大阪フェスティバルホール〈ドキュメント〉・サヨナラは今もこの胸に居ます・もう少し あと少し…・君がいない・Today is another day・マイ フレンド・Don't you see!・Oh my love・グロリアス マインド・負けないで

04. What a beautiful memory 2008 '11.4.13
国立代々木競技場〈ドキュメント〉・揺れる想い・Season・ひとりが好き・不思議ね…・I want you・突然・素直に言えなくて・愛は暗闇の中で・もっと近くで君の横顔見ていたい・かけがえのないもの・あなたに帰りたい・こんなにそばに居るのに・見つめていたいね〈ツアードキュメント〉・きっと忘れない・君がいない・心を開いて・愛が見えない・マイ フレンド・Don't you see!・翼を広げて・永遠・あの微笑みを忘れないで・負けないで

05. What a beautiful memory 2009 '11.4.13
永遠〈ストリングス〉・きっと忘れない・君に逢いたくなったら…・Top Secret・こんなに愛しても・You and me (and…)・息もできない・好きなように踊りたいの・雨に濡れて・Good-bye My Loneliness・ハイヒール脱ぎ捨てて・瞳そらさないで・Get U're Dream ・夏を待つセイル(帆)のように〈ピアノ演奏〉・かけがえのないもの・Forever you・素直に言えなくて・日本武道館〈ドキュメント〉・心を開いて・もう少し あと少し…・My Baby Grand ～ぬくもりが欲しくて～・Today is another day・I'm in love・マイ フレンド・Don't you see!・揺れる想い・負けないで

06. What a beautiful memory ～forever you～ '11.8.10
DISC1：Good-bye My Loneliness・不思議ね…・もう探さない・Boy・IN MY ARMS TONIGHT・あの微笑みを忘れないで・GOOD DAY・あなたと共に生きてゆく・君がいたから・突然・DAN DAN 心魅かれてく・風が通り抜ける街へ・今日はゆっくり話そう・永遠・果てしない夢を・あなたを感じていたい・世界はきっと未来の中・この愛に泳ぎ疲れても・My Baby Grand ～ぬくもりが欲しくて～・So Together・Just believe in love・かけがえのないもの・きっと忘れない・もう少し あと少し…
DISC2：Don't you see!・君に逢いたくなったら…・夏を待つセイル(帆)のように・心を開いて・来年の夏も・Today is another day・こんなにそばに居るのに・君がいない・マイ フレンド ～アンコール～ Forever you・揺れる想い・負けないで

07. ZARD 25th Anniversary LIVE "What a beautiful memory" '16.12.7
DISC1：[LIVE]〈5.27 TOKYO DOME CITY HALL〉揺れる想い・君に逢いたくなったら…・Season・Listen to me・息もできない・好きなように踊りたいの・サヨナラ言えなくて・Top Secret・もう少し あと少し…・ハイヒール脱ぎ捨てて・二人の夏・少女の頃に戻ったみたいに・かけがえのないもの・永遠・愛は暗闇の中で (d-project with ZARD/What a beautiful memory ver.)・来年の夏も・遠い日のNostalgia・Forever you
DISC2：[LIVE] 愛が見えない・My Baby Grand ～ぬくもりが欲しくて～・運命のルーレット廻して・気楽に行こう・心を開いて・Today is another day・きっと忘れない・雨に濡れて・君がいない・マイ フレンド・Don't you see!・Oh my love・こんなにそばに居るのに・あの微笑みを忘れないで・負けないで
〈5.21 オリックス劇場〉愛が見えない (d-project with ZARD/What a beautiful memory ver.)・素直に言えなくて・サヨナラは今もこの胸に居ます・WAKE UP MAKE THE MORNIG LAST ～忘れがたき人へ～
DISC3：[MUSIC VIDEO] Listen to me・サヨナラ言えなくて・二人の夏・気楽に行こう

19-a

19-b

20

21

DISC2：マイ フレンド・心を開いて・Today is another day・Don't you see!・永遠・My Baby Grand ～ぬくもりが欲しくて～・運命のルーレット廻して・Get U're Dream・もっと近くで君の横顔見ていたい・今日はゆっくり話そう・星のかがやきよ・夏を待つセイル(帆)のように・ハートに火をつけて
【初回限定盤】（DVD 3 種類）『AQUA ～Summer～』『CRYSTAL ～Autumn to Winter～』『DREAM ～Spring～』 初回限定盤 (19-a) 通常盤 (19-b)

20. ZARD Request Best ～beautiful memory～ '08.1.23
DISC1：グロリアス マインド・Ready, Go!・突然・君に逢いたくなったら…・ハイヒール脱ぎ捨てて・こんなに愛しても・二人《ふたり》の夏・明日もし君が壊れても・君とのふれあい・時間《とき》の翼・かけがえのないもの・揺れる想い（'07 Live Ver.）・永遠（'07 Live Ver.）・マイ フレンド（'07 Live Ver.）・Don't you see!（'07 Live Ver.）
DISC2：息もできない・新しいドア ～冬のひまわり～・Forever you・あの微笑みを忘れないで・不思議ね…・淡い雪がとけて・フォトグラフ・hero・Love is Gone・Season・雨に濡れて・心を開いて（'07 Live Ver.）・少女の頃に戻ったみたいに（'07 Live Ver.）・君がいない（'07 Live Ver.）・負けないで（'07 Live Ver.）
【特典 DVD】ZARD Memorial medley ：揺れる想い～グロリアス マインド～負けないで from 2007 LIVE "What a beautiful memory"

21. ZARD Forever Best ～25th Anniversary～ '16.2.10
disc1 – 早春 –
Don't you see!・マイ フレンド・この愛に泳ぎ疲れても・Good-bye My Loneliness・WAKE UP MAKE THE MORNING LAST ～忘れがたき人へ～・君に逢いたくなったら…・息もできない・今すぐ会いに来て・ハイヒール脱ぎ捨てて・Forever you・明日を夢見て・翼を広げて・愛は暗闇の中で featuring Aya Kamiki
disc2 – 初夏 –
星のかがやきよ・夏を待つセイル(帆)のように・君がいない・心を開いて・揺れる想い・素直に言えなくて featuring Mai Kuraki・Oh my love・雨に濡れて・I still remember・来年の夏も・あなたに帰りたい・愛が見えない・果てしない夢を／ZYYG, REV, ZARD & WANDS featuring 長嶋茂雄
disc3 – 盛夏 –
かけがえのないもの・遠い星を数えて・風が通り抜ける街へ・DAN DAN 心魅かれてく・突然・Today is another day・Season・眠れない夜を抱いて・こんなにそばに居るのに・永遠・サヨナラは今もこの胸に居ます・眠り・あの微笑みを忘れないで
disc4 – 秋冬 –
もう少し あと少し…・Get U're Dream・IN MY ARMS TONIGHT・運命のルーレット廻して・少女の頃に戻ったみたいに・きっと忘れない・こんなに愛しても・promised you・GOOD DAY・My Baby Grand ～ぬくもりが欲しくて～・グロリアス マインド・あなたを感じていたい・負けないで

BOOK

01

02

03

04

05

06

07

08

09

10

11

12

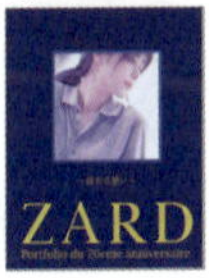

13

14

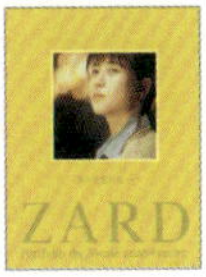

15

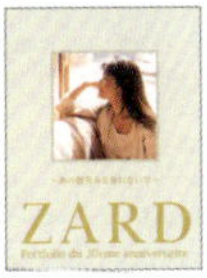

16

17

18

19

20

Official Band Score
01. ZARD BLEND ～SUN & STONE～ '99.2.17
02. 永遠 '99.2.17

Official Piano & Vocal Score
03. ZARD BEST The Single Collection ～軌跡～ '99.5.28
04. ZARD BEST ～Request Memorial～ '99.9.15
05. 時間《とき》の翼 '01.2.15

10th Anniversary Book
06. 10°～decimo～ '01.11.21

坂井泉水ポエトリーセレクション
07. 揺れる想い（第 1 弾）'00.2.6
08. 負けないで（第 2 弾）'00.6.19
09. マイ フレンド（第 3 弾）'00.9.6
10. promised you（第 4 弾）'00.12.12

15th Anniversary 写真集
11. Le Portfolio -ル・ポルトフォリオ- '06.10.25

Official Book
12. きっと忘れない '07.8.15

20周年記念写真集
ZARD Portfolio du 20eme anniversaire
13. 揺れる想い（第 1 集）'11.2.10
14. 負けないで（第 2 集）'11.2.10
15. きっと忘れない（第 3 集）'11.2.10
16. あの微笑みを忘れないで（第 4 集）'11.2.10

ZARD 坂井泉水・詞集
Words & Images Book
17. Season -ZARD 坂井泉水・詞集 I- '14.5.25
18. Today is another day -ZARD 坂井泉水・詞集 II- '14.5.25
19. I still remember -ZARD 坂井泉水・詞集 III- '14.5.25
20. My Baby Grand -ZARD 坂井泉水・詞集 IV- '14.5.25

05

夏を待つセイル（帆）のように・サヨナラまでのディスタンス・かけがえのないもの・今日はゆっくり話そう・君とのふれあい・セパレート・ウェイズ・Last Good-bye・星のかがやきよ・月に願いを・あなたと共に生きてゆく・I can't tell・good-night sweetheart・君と今日の事を一生忘れない
PREMIUM DISC：あの微笑みを忘れないで (2012 Movie-theme ver.)・Don't you see! (TV on-air ver.)・永遠 (English ver. on 1chorus)・運命のルーレット廻して (TV on-air ver.)・さわやかな君の気持ち (CM on-air ver.)・明日を夢見て (TV on-air ver.)・夏を待つセイル（帆）のように (Theater-CM ver.)・遠い日のNostalgia (Acoustic arrange ver.)・LOVE ～眠れずに君の横顔ずっと見ていた～(Another arrange ver.)・お・も・ひ・で (Another arrange ver.)・もっと近くで君の横顔見ていたい (Another arrange ver.)・Demo-2 (composed by IZUMI SAKAI)・さらば青春の影よ Demo (IZUMI SAKAI on vocal)

05. ZARD MUSIC VIDEO COLLECTION ～25th ANNIVERSARY～ '16.4.27
disc1 - 早春 -：Don't you see!・マイ フレンド・この愛に泳ぎ疲れても・Good-bye My Loneliness・瞳そらさないで・君に逢いたくなったら…・息もできない・Boy・ハイヒール脱ぎ捨てて・Forever you・止まっていた時計が今動き出した・I'm in love・翼を広げて・Just believe in love・愛は暗闇の中で featuring Aya Kamiki
disc2 - 初夏 -：夏を待つセイル（帆）のように・君がいない・Just for you・心を開いて・揺れる想い・素直に言えなくて featuring Mai Kuraki・Oh my love・Top Secret・雨に濡れて・I still remember・来年の夏も・あなたに帰りたい・愛が見えない
disc3 - 盛夏 -：かけがえのないもの・不思議ね…・好きなように踊りたいの・風が通り抜ける街へ・突然・遠い日のNostalgia・君がいたから・I want you・異邦人 TAK MATSUMOTO featuring ZARD・So Together・世界はきっと未来の中・Today is another day・Season・こんなにそばに居るのに・永遠・サヨナラは今もこの胸に居ます・眠り・あの微笑みを忘れないで
disc4 - 秋冬 -：もう少し あと少し…・もう探さない・ひとりが好き・IN MY ARMS TONIGHT・運命のルーレット廻して・こんなに愛しても・今日はゆっくり話そう・You and me (and…)・あなたと共に生きてゆく・きっと忘れない・GOOD DAY・Stray Love・My Baby Grand ～ぬくもりが欲しくて～・グロリアス マインド・あなたを感じていたい・負けないで
disc5：OFF SHOT COLLECTION

THE OTHER SIDE WITH ZARD

01

02

03

04

05

06

07

08

09

THE OTHER SIDE WITH ZARD

Barbier guest vocal IZUMI SAKAI SINGLE
01. クリスマス タイム cw あなたに帰りたい '95.11.22
02. LOVE ～眠れずに君の横顔ずっと見ていた～ cw I still remember '96.6.9

Barbier guest vocal IZUMI SAKAI ALBUM
03. Barbier first '96.11.25
LOVE ～眠れずに君の横顔ずっと見ていた～・Can't Leave You Now・もう少し あと少し…・Top Secret・あなたに帰りたい・I still remember・今すぐ会いに来て・Season・見つめていたいね・クリスマス タイム

ZYYG, REV, ZARD & WANDS featuring 長嶋茂雄 SINGLE
04. 果てしない夢を cw 雨に濡れて '93.6.9

V.A. ALBUM
05. Royal Straight Soul III Vol.2 M-8 / This Masquerade 収録 '92.7.22
06. J-BLUES BATTLE Vol.3 M-6 / Black Velvet 収録 '97.4.15

TAK MATSUMOTO featuring ZARD SINGLE
07. 異邦人 '03.8.27

TAK MATSUMOTO ALBUM
08. THE HIT PARADE M-2 / 異邦人 収録 '03.11.26

12inch ANALOGUE
09. CAN'T TAKE MY EYES OFF OF YOU '99.9.15

BOX

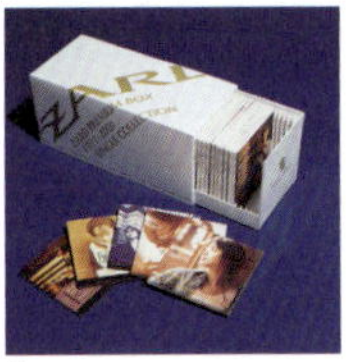
01

02

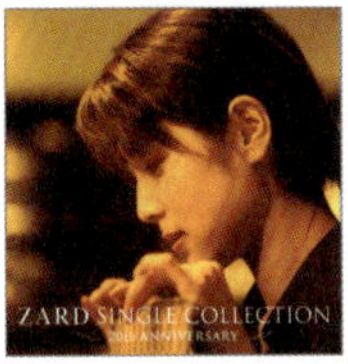

03

04

01. ZARD PREMIUM BOX 1991-2001 SINGLE COLLECTION
12cm CD 33 枚セット＋1 枚（スペシャル CD）
Good-bye My Loneliness・不思議ね…・もう探さない・眠れない夜を抱いて・IN MY ARMS TONIGHT・負けないで・君がいない・揺れる想い・もう少し あと少し…・きっと忘れない・この愛に泳ぎ疲れても / Boy・こんなにそばに居るのに・あなたを感じていたい・Just believe in love・愛が見えない・サヨナラは今もこの胸に居ます・マイ フレンド・心を開いて・Don't you see!・君に逢いたくなったら…・風が通り抜ける街へ・永遠・My Baby Grand ～ぬくもりが欲しくて～・息もできない・運命のルーレット廻して・新しいドア～冬のひまわり～・GOOD DAY・MIND GAMES・世界はきっと未来の中・痛いくらい君があふれているよ・この涙 星になれ・Get U're Dream・promised you
【スペシャル CD】約束のない恋

02. ZARD Premium Box 1991-2008 Complete Single Collection '08.5.28
12cm CD 49 枚セット＋1 枚（スペシャル DVD）
Good-bye My Loneliness・不思議ね…・もう探さない・眠れない夜を抱いて・IN MY ARMS TONIGHT・負けないで・君がいない・揺れる想い・もう少し あと少し…・きっと忘れない・この愛に泳ぎ疲れても / Boy・こんなにそばに居るのに・あなたを感じていたい・Just believe in love・愛が見えない・サヨナラは今もこの胸に居ます・マイ フレンド・心を開いて・Don't you see!・君に逢いたくなったら…・風が通り抜ける街へ・永遠・My Baby Grand ～ぬくもりが欲しくて～・息もできない・運命のルーレット廻して・新しいドア～冬のひまわり～・GOOD DAY・MIND GAMES・世界はきっと未来の中・痛いくらい君があふれているよ・この涙 星になれ・Get U're Dream・promised you・さわやかな君の気持ち・明日を夢見て・瞳閉じて・もっと近くで君の横顔見ていたい・かけがえのないもの・今日はゆっくり話そう・星のかがやきよ / 夏を待つセイル（帆）のように・悲しいほど貴方が好き / カラッといこう！・ハートに火をつけて・グロリアス マインド・翼を広げて / 愛は暗闇の中で・果てしない夢を（ZYYG, REV, ZARD & WANDS featuring 長嶋茂雄）・クリスマス タイム（Barbier guest vocal IZUMI SAKAI）・LOVE ～眠れずに君の横顔ずっと見ていた～（Barbier guest vocal IZUMI SAKAI）・異邦人（TAK MATSUMOTO featuring ZARD）
【スペシャル CD】約束のない恋 【スペシャル DVD】こんなにそばに居るのに

03. ZARD SINGLE COLLECTION ～20th ANNIVERSARY～ '11.2.10
DISC 1【1st Single ～ 8th Single】
Good-bye My Loneliness・愛は暗闇の中で・不思議ね…・素直に言えなくて・もう探さない・こんなに愛しても・眠れない夜を抱いて・Dangerous Tonight・IN MY ARMS TONIGHT・汗の中でCRY・負けないで・Stray Love・君がいない・私だけ見つめて・揺れる想い・Just for you
DISC2【9th Single ～ 16th Single】
もう少し あと少し…・カナリヤ・きっと忘れない・黄昏にMy Lonely Heart・この愛に泳ぎ疲れても・Boy・こんなにそばに居るのに・あなたのせいじゃない・あなたを感じていたい・Take me to your dream・Just believe in love・Ready, Go!・愛が見えない・Teenage dream・サヨナラは今もこの胸に居ます・眠り
DISC3【17th Single ～ 24th Single】
マイ フレンド・目覚めた朝は…・心を開いて・Change my mind・Don't you see!・帰らぬ時間《とき》の中で・君に逢いたくなったら…・愛を信じていたい・風が通り抜ける街へ・遠い星を数えて・永遠・I can't let go・My Baby Grand ～ぬくもりが欲しくて～・Love is Gone・息もできない・Vintage
DISC4【25th Single ～ 32nd Single】
運命のルーレット廻して・少女の頃に戻ったみたいに・新しいドア～冬のひまわり～・GOOD DAY・MIND GAMES・Hypnosis・MIND GAMES（Redway Secret Mix）・世界はきっと未来の中・痛いくらい君があふれているよ・痛いくらい君があふれているよ（Re-Mix）Re-Mixed by FAST ALVY and ME-YA・この涙 星になれ・お・も・ひ・で・Get U're Dream・Get U're Dream（Version Two）・Get U're Dream（Version Three）
DISC5【33rd Single ～ 38th Single】
promised you・The only truth I know is you・さわやかな君の気持ち・抱きしめていて・Seven Rainbow・明日を夢見て・探しに行こうよ・瞳閉じて・愛しい人よ～名もなき旅人よ～・もっと近くで君の横顔見ていたい・リセット・かけがえのないもの・無我夢中・永遠（What a beautiful moment Tour Opening Ver.）
DISC6【39th Single ～ 45th Single】
今日はゆっくり話そう・淡い雪がとけて・雨が降り出す前に・星のかがやきよ・夏を待つセイル（帆）のように・悲しいほど貴方が好き・カラッといこう！・ハートに火をつけて・君へのブルース・グロリアス マインド・探しに行こうよ（2007 version）・愛を信じていたい（2007 version）・翼を広げて・愛は暗闇の中で featuring Aya Kamiki・素直に言えなくて featuring Mai Kuraki・Hypnosis
BONUSDISC：果てしない夢を［ZYYG, REV, ZARD & WANDS featuring 長嶋茂雄］・雨に濡れて［ZYYG, REV, ZARD & WANDS］・クリスマス タイム［Barbier guest vocal IZUMI SAKAI］・あなたに帰りたい［Barbier guest vocal IZUMI SAKAI］・LOVE ～眠れずに君の横顔ずっと見ていた～［Barbier guest vocal IZUMI SAKAI］・I still remember［Barbier guest vocal IZUMI SAKAI］・異邦人［TAK MATSUMOTO featuring ZARD］

04. ZARD ALBUM COLLECTION ～20th ANNIVERSARY～ '12.1.1
DISC1【1st ALBUM「Good-Bye My Loneliness」】
Good-bye My Loneliness・愛は暗闇の中で・恋女の憂鬱・Oh! Sugar Baby・女でいたい・It's a Boy
DISC2【2nd ALBUM「もう探さない」】
不思議ね…・もう探さない・素直に言えなくて・ひとりが好き・Forever・Lonely Soldier Boy・いつかは…
DISC3【3rd ALBUM「HOLD ME」】
眠れない夜を抱いて・誰かが待ってる・サヨナラ言えなくて・あの微笑みを忘れないで・好きなように踊りたいの・Dangerous Tonight・こんなに愛しても・Why Don't You Leave Me Alone・愛は眠ってる・遠い日のNostalgia・So Together
DISC4【4th ALBUM「揺れる想い」】
揺れる想い・Season・君がいない（B-version）・In my arms tonight・あなたを好きだけど・負けないで・Listen to me・You and me（and…）・I want you・二人の夏
DISC5【5th ALBUM「OH MY LOVE」】
Oh my love・Top Secret・きっと忘れない・もう少し あと少し…・雨に濡れて・この愛に泳ぎ疲れても・I still remember・If you gimme smile・来年の夏も・あなたに帰りたい
DISC6【6th ALBUM「forever you」】
今すぐ会いに来て・ハイヒール脱ぎ捨てて・Forever you・もう逃げたりしないわ 想い出から・あなたを感じていたい・気楽に行こう・I'm in love・こんなにそばに居るのに・Just believe in love・瞳そらさないで
DISC7【7th ALBUM「TODAY IS ANOTHER DAY」】
マイ フレンド・君がいたから・サヨナラは今もこの胸に居ます・LOVE ～眠れずに君の横顔ずっと見ていた～・DAN DAN 心魅かれてく・眠り・心を開いて・突然・今日も・Today is another day・愛が見えない・見つめていたいね
DISC8【8th ALBUM「永遠」】
永遠・My Baby Grand ～ぬくもりが欲しくて～・WAKE UP MAKE THE MORNING LAST ～忘れがたき人へ～・Brand New Love・運命のルーレット廻して・遠い星を数えて・新しいドア～冬のひまわり～・GOOD DAY・I feel fine, yeah・少女の頃に戻ったみたいに・息もできない・風が通り抜ける街へ・フォトグラフ
DISC9【9th ALBUM「時間《とき》の翼」】
Get U're Dream・この涙 星になれ・promised you ～with P-edition～・痛いくらい君があふれているよ・窓の外はモノクローム・お・も・ひ・で・明日もし君が壊れても・世界はきっと未来の中 ～another style 21～・hero・揺れる想い Gomi's New York Remix・負けないで Gomi's 10th Anniversary Special Mix・時間《とき》の翼
DISC10【10th ALBUM「止まっていた時計が今動き出した」】
明日を夢見て・時間《とき》の翼・もっと近くで君の横顔見ていたい・pray・出逢いそして別れ・止まっていた時計が今動き出した・瞳閉じて・さわやかな君の気持ち（Album Ver.）・愛であなたを救いましょう・天使のような笑顔で・悲しいほど今日は雨でも
DISC11【11th ALBUM「君との Distance」】

STAFF

Executive Producer	Daikoh Nagato
Writer	Kazunori Kodate
Art Director	Chikako Yamamoto (Yamamoto Design)
Photo	Crescenzo Notarile Hiroyuki Yaguramaki Kohki Nishida Masayuki Kusakari (air supply) Miho Mori Neil Zlozower Norikazu Tatsukawa Osamu Matsuki Shinji Hosono (Starshot) Shunsuke Samejima WENDY & WANDY Yorihito Yamauchi Yoshiaki Sugiyama Yuu Kamimaki (in alphabetical order)
ZARD Production Staff	Hiroshi Terao (GIZA ARTIST) Masahiro Shimada (BIRDMAN MASTERING) Kenichi Suzuki (SKDF) Takahiro Ito (Being) Mayu Noguchi (GIZA ARTIST)
A&R	Miwa Kumata (Being)
Supervisor	Toshinori Masuda
Editor	Haruhiko Tateno (GENTOSHA) Kana Miyake (GENTOSHA)
Special Thanks	Takayuki Ichikawa Sayuri Kobayashi Yuka Sawashita (GIZA ARTIST) Shinya Nogami (Being) Tokiko Nishimuro (Being)

（著者プロフィール）

ZARD

坂井泉水を中心としたユニット名。

6歳からピアノを始める。大学卒業後、モデルエージェンシーに所属し活動。

その後、音楽プロデューサー・長戸大幸と出会い、アーティストとして才能を見出され ZARD を結成する。

1991 年 2 月 10 日「Good-bye My Loneliness」でデビュー。現在までに 45 枚のシングル、21 枚のアルバムを発表。

シングル売り上げ 1773.3 万枚、アルバム売り上げ 1990.0 万枚を誇り、
オリコン“平成セールス”ランキングのアーティストトータルセールス 8 位。

シングル TOP10 入り通算 43 作品（女性ボーカルグループ 歴代 4 位）、アルバム連続ミリオン獲得数 9 作連続
（歴代 1 位）、アルバム 1 位獲得作品数 11 作（女性ボーカルグループ 歴代 2 位）の記録をもつ。（オリコン調べ）

自身の作詞活動以外にも、他アーティストへの作詞提供多数（ミリオンセラー作品多数）。

2007 年 5 月 27 日の坂井泉水逝去後も、彼女の作品に励まされたという感謝の声、
詞・歌声・言葉に対する惜しみない賞讃の声が止むことなく寄せられている。


〈受賞〉

■第 6 回日本ゴールドディスク大賞
ベスト 5 ニュー・アーティスト賞
■第 8 回日本ゴールドディスク大賞
ベスト 5 アーティスト賞
■第 8 回日本ゴールドディスク大賞
ベスト 5・シングル賞「負けないで」
■第 8 回日本ゴールドディスク大賞
アルバム賞・ロック・フォーク部門（女性）『揺れる想い』
■第 9 回日本ゴールドディスク大賞
アルバム賞・ロック・フォーク部門（女性）『OH MY LOVE』
■第 12 回日本ゴールドディスク大賞
ロック・アルバム・オブ・ザ・イヤー『ZARD BLEND ～SUN & STONE～』
■第 14 回日本ゴールドディスク大賞
ロック・アルバム・オブ・ザ・イヤー『永遠』
■第 14 回日本ゴールドディスク大賞
ロック・アルバム・オブ・ザ・イヤー『ZARD BEST The Single Collection ～軌跡～』
■第 14 回日本ゴールドディスク大賞
ロック・アルバム・オブ・ザ・イヤー『ZARD BEST ～Request Memorial～』

〈オリコン記録〉

■アーティスト別トータルセールス（シングル＋アルバムの総売上枚数）：3763.3 万枚（歴代 10 位）
○シングル：1773.3 万枚（女性ボーカルアーティスト歴代 3 位）
○アルバム：1990.0 万枚（女性ボーカルアーティスト歴代 5 位）
■ 90 年代アーティスト・トータル・セールス：3 位（女性ボーカルアーティスト 2 位）
■アルバムミリオン獲得数：9 作（歴代 5 位）
■アルバム連続ミリオン獲得数：9 作（歴代 1 位）
（『HOLD ME』～『ZARD BEST ～Request Memorial～』）
■アルバム 1 位獲得数：11 作（女性ボーカルグループ 2 位）
■シングル 1 位獲得数：12 作（女性ボーカルアーティスト歴代 9 位タイ）
■シングル TOP10 獲得数：43 作（女性ボーカルグループ歴代 4 位）
※ 2019/3/6 付現在［オリコン調べ］

ZARD OFFICIAL WEBSITE　http://www.wezard.net/

JASRAC 出 1909687-407

永遠　君と僕との間に

２０１９年10月25日　第１刷発行
２０２４年５月30日　第７刷発行

著　者　ＺＡＲＤ
発行者　見城　徹
発行所　株式会社　幻冬舎
〒１５１-００５１　東京都渋谷区千駄ヶ谷４-９-７
電話　０３（５４１１）６２１１（編集）
０３（５４１１）６２２２（営業）
公式ＨＰ　https://www.gentosha.co.jp/
印刷・製本所　図書印刷株式会社

検印廃止

ISBN978-4-344-03505-8 C0095

この本に関するご意見・ご感想は、
左記アンケートフォームからお寄せください。
https://www.gentosha.co.jp/e/